世界，你好啊！

幼儿园班本课程实践活动案例

张 芸 / 主编

中国出版集团　现代出版社

图书在版编目(CIP)数据

世界，你好啊！ / 张芸主编. — 北京：现代出版
社，2020.12

ISBN 978-7-5143-8979-1

Ⅰ.①世… Ⅱ.①张… Ⅲ.①常识课—学前教育—教
学参考资 Ⅳ.①G613.3

中国版本图书馆CIP数据核字（2020）第257455号

世界，你好啊！

作　　者	张　芸
责任编辑	徐　芬
出版发行	现代出版社
地　　址	北京市安定门外安华里504号
邮政编码	100011
电　　话	010-64267325　64245264
网　　址	www.1980xd.com
电子邮箱	xiandai@cnpitc.com.cn
印　　制	北京政采印刷服务有限公司
开　　本	710mm×1000mm　1/16
印　　张	12.25
字　　数	221千
版　　次	2020年12月第1版　2020年12月第1次印刷
书　　号	ISBN 978-7-5143-8979-1
定　　价	45.00元

编 委 会

主　编：张　芸

副主编：张知雁　刘　英　涂立珍

编　委：朱继红　熊文婷　袁晓丽　饶　颖

世界，你好啊！

目录

第一篇

玄妙的色彩

第二篇

自然的秘密

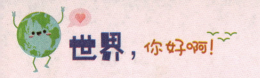

第三篇

生命的力量

玄妙的
色彩

夏日畅想曲

一、活动兴趣来源

随着立夏节气的到来，夏天迈着欢快的脚步向我们走来，风儿吹着火辣的热气向我们挥手，时而送来知了的叫声，时而送来青蛙的呱呱叫声，时而送来蛐蛐的奏鸣声，它在告诉我们：夏天来到了。

小熙："老师，夏天来了吗？夏天长什么样子呢？"

小轩："老师，夏天在哪里呀？它是不是藏起来啦？"

小萱："老师，夏天一定在跟我们玩捉迷藏的游戏，我们去把它找出来吧！"

……

于是我们开始了一场夏日探索之旅。

二、活动前期思考

随着立夏这一节气的到来，夏天的气息扑面而来，忽而雷声轰鸣，忽而雷雨倾盆，太阳一下子变得炽热起来。孩子们穿上了凉快的夏装，身边的一切都在发生着变化。孩子们似乎对此充满了兴趣和好奇，于是我们开展"夏日畅想曲"活动，让幼儿过一个快乐的夏天，享受夏天的特别时光。

1. 把握夏日探索对幼儿发展的价值

在活动开展的过程中，让幼儿走进自然，充分运用多种感官感知夏天的自然现象，了解动植物与季节的关系，知道夏天是一个炎热的季节，懂得人们常用的防暑降温的方法，在丰富多彩的活动中感受体验夏天的有趣与快乐。同时在说说、做做、看看的过程中，培养、发展幼儿语言、动手、观察、想象创造等多方面能力。

2. 科学引导幼儿深入探究

提起夏天，大家常常想到炽热的阳光和流不完的汗水。孩子们热爱大自然，教师以生活课程为基础，让孩子们通过与同伴的互动交流，在活动中获得更好的发展。作为老师，要支持孩子的兴趣及探索的欲望，让孩子们感知夏天是一个快乐的季节。要尊重孩子、理解孩子、支持孩子，给予他们足够的探索和发现的机会，让幼儿进行深入的自主学习。

三、活动研究目标

（1）了解夏天的植物和小动物的一些生活习性，感知夏天的主要季节特征。

（2）欣赏夏天的植物、动物，在说一说、做一做、看一看、找一找、玩一玩中感受夏天的美好。

四、活动思维导图

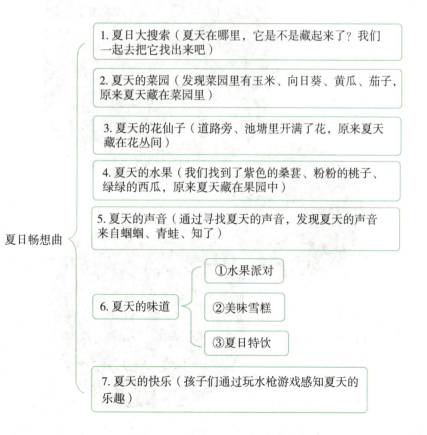

夏日畅想曲

1. 夏日大搜索（夏天在哪里，它是不是藏起来了？我们一起去把它找出来吧）

2. 夏天的菜园（发现菜园里有玉米、向日葵、黄瓜、茄子，原来夏天藏在菜园里）

3. 夏天的花仙子（道路旁、池塘里开满了花，原来夏天藏在花丛间）

4. 夏天的水果（我们找到了紫色的桑葚、粉粉的桃子、绿绿的西瓜，原来夏天藏在果园中）

5. 夏天的声音（通过寻找夏天的声音，发现夏天的声音来自蝈蝈、青蛙、知了）

6. 夏天的味道
　①水果派对
　②美味雪糕
　③夏日特饮

7. 夏天的快乐（孩子们通过玩水枪游戏感知夏天的乐趣）

五、活动探究

1. 活动探究一：夏天的菜园

夏日的午后，我们跟着老师来到了熟悉的菜园，这里的蔬菜可真多呀！

小琪："老师，那长着胡须的是什么？好像是玉米吧！"

小芊："快看！我发现了黄黄的花，好像是向日葵。"

小涛："老师，我看见了绿绿的黄瓜，还有紫色的茄子。"

……

原来夏天藏在菜园里。（如图1-1-1、图1-1-2、图1-1-3所示）

图1-1-1

图1-1-2

世界，你好啊！

MY STYLE
MY LIFE

图1-1-3

2. 活动探究二：夏天的花仙子

道路旁、池塘里，百花争艳，我们找到了紫色的绣球花、白色的栀子花、粉色的荷花，还有红红的石榴花……

原来夏天藏在花丛间。（如图1-1-4所示）

图1-1-4

3. 活动探究三：夏天的水果

周末，我们跟着爸爸妈妈来到果园，找到了紫色的桑葚、粉粉的桃子、绿绿的西瓜……

原来夏天藏在果园中。（如图1-1-5所示）

图1-1-5

我们找到夏天啦！我们找到夏天啦！原来夏天就在我们身边，它藏在菜园里、花丛间、果园中……真是无处不在。下面一起来看看我们眼中的夏天吧！
（如图1-1-6所示）

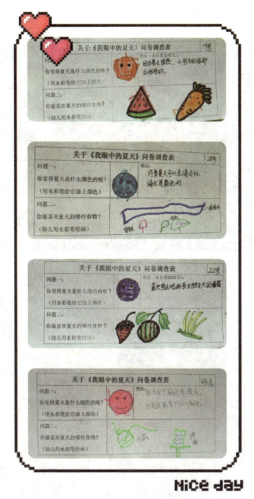

图1-1-6

4. 活动探究四：夏天的声音

宁静的夏夜，小动物们总喜欢聚在一起开音乐会，你们听过吗？这里有你们熟悉的小动物的声音吗？竖起你们的小耳朵，快来仔细听一听吧！

小瑶："老师，我听到了知了的声音！"

小瑾："老师，我听到了蝈蝈在唱歌！"

小然："老师，小动物们的音乐会好热闹哇！"

……

哇！原来夏天的声音是这么美妙又动听啊！

5. 活动探究五：夏天的味道（如图1-1-7、图1-1-8所示）

图1-1-7

图1-1-8

夏天还有许多好吃的食物：西瓜、桃子、杨梅、冰激凌、绿豆汤……

哇！说得我都要流口水了，不如我们一起动手来做做这些夏天的美食吧！

【水果party】

杨梅、西瓜、杧果……我们找来了许多夏天的水果，让我们和水果来一场约会吧！

看看我们的水果party，你们有没有流口水呢？（如图1-1-9所示）

图1-1-9

瞧！我们吃得多开心哪！

【美味雪糕】

夏天我们还喜欢吃雪糕，它冰冰的、凉凉的、甜甜的……你们想吃吗？（如图1-1-10所示）

图1-1-10

大家来看一看，我们做了什么口味的雪糕吧！（如图1-1-11所示）

图1-1-11

【夏日特饮】

在"夏日特饮"活动中，我们都做了自己最喜欢喝的饮料，来尝尝我们做的是什么味道的饮料吧！（如图1-1-12、图1-1-13所示）

小初："我做的是葡萄味的。"

小涛："我做的是西瓜味的。"

小茗："我把杧果和荔枝放在一起，是混合味的。"

……

图1-1-12

图1-1-13

原来，夏天的味道是甜甜的：甜甜的西瓜、甜甜的杧果、甜甜的荔枝、甜甜的雪糕……夏天的味道还是酸酸的：酸酸的葡萄、酸酸的杨梅、酸酸的李子、酸酸的饮料……

6. 活动探究六: 夏天的快乐

夏天是一个可以尽情玩水的季节。水枪大战也要开始啦! 小朋友们化身勇敢的小战士, 大家欢快地向前冲, 用水枪互相射击, 你来我往, 不亦乐乎, 脸上洋溢着开心、幸福的笑容。(如图1-1-14所示)

小睿: "我们比一比, 看看谁的水枪最厉害。"

小欣: "老师, 我的头发和衣服都湿了。"

小辰: "今天打水枪玩得太爽了!"

……

图1-1-14

小朋友们还时常到草地上听蛐蛐叫, 在大树上提知了, 在草丛中观察蚂蚁, 欣赏雨后的彩虹……这真是一个快乐的夏天。(如图1-1-15、图1-1-16所示)

图1-1-15

图1-1-16

这样的夏天，我们都喜欢！

六、活动完成感悟

（1）活动选材贴近实际。本次活动以夏天作为活动的契机，让孩子们自己去发现夏天、感知夏天、欣赏夏天、玩转夏天。

（2）生活即学习，让幼儿在大自然中观察、发现身边关于夏天的自然现象，以此满足孩子们的好奇心，让孩子们去寻找夏天——只要有心，你就会发现不一样的夏天！

（3）夏天的探索源于生活，又回归生活。夏天释放着无限的热量，同时也赋予孩子无穷的灵感，让幼儿得到发展。为了让幼儿充分体验夏天的特征，我们做了一系列的活动，结合幼儿的生活，带领幼儿探索自然规律，了解大自然的变化。这些都与幼儿的生活息息相关。通过本次活动引导幼儿成为一个热爱生活的人。

（本案例由小三班张梦萍老师提供，文中姓名均为化名）

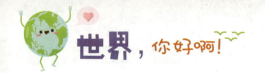

"雨"你相约

一、活动兴趣来源

天空中一闪闪，什么光发亮？

天空中轰隆隆，什么声音响？

天空中哗啦啦，什么落下来？

......

小朋友，请你快快想一想？

在一次音乐活动"夏天的雷雨"结束后，孩子们对夏天雷雨的现象特别感兴趣，于是安排他们通过观察，了解雷雨前大自然会出现什么现象，接着逐步开展"在幼儿园寻找雨留下的痕迹"等活动，培养他们乐于探索、爱发现的学习品质。

二、活动前期思考

雷雨是一种十分常见的自然现象，特别是在夏天，随着轰隆隆的雷声，夏天的脚步渐渐朝我们走来。虽然夏天是炎热的，但对孩子们来说也是一番不一样的体验。因此，笔者结合夏天特有的季节特征——雷雨，让孩子们在亲身体验中感知、欣赏夏天的雨。

三、活动研究目标

（1）初步了解雷雨前的现象。

（2）寻找雨留下的痕迹，感受和雨做游戏带来的快乐。

四、活动思维导图

"雨"你相约
- 1. 雨前的现象
- 2. 雨的痕迹
- 3. 雨中游戏
- 4. 雨后散步
- 5. 雨季"画"意

五、活动探究

我们跟随夏季的脚步，进入梅雨时节，和梅雨来了一场神秘的约会。瞧瞧我们和小雨点都发生了哪些亲密接触吧！

1. 探究一：雨前的现象

雨前有什么现象呢？

果果说："雨前会有满天的乌云。"

晨晨说："雨前会有轰隆隆的雷声。"

澜一说："雨前会有许多小蚂蚁搬家。"

糖糖说："雨前会有大风呼呼呼的声音。"

浩浩说："雨前蜻蜓会飞得很低。"

……

小伙伴们，快来看哪，蜻蜓低飞啦，肯定要下雨了。因为雨前小蜻蜓的翅膀被水汽压得重重的，飞不高呢！

咦！怎么会有这么多小蚂蚁呢？老师告诉我们："因为雨前空气中的水分很高，小蚂蚁们感觉要下雨了，就会向高处搬家，以免被雨水淹没。"（如图1-2-1所示）

图1-2-1

19

2. 探究二：雨的痕迹

不一会儿，果真下起雨来啦！小雨点会落在哪里？会发出怎样的声音呢？看！大家穿上雨衣跟着老师一起外出寻找雨滴的足迹，倾听雨点的声音。

小雨点落在了树叶上、长凳上、地面上……发出了"滴答滴答"的声音。（如图1-2-2、图1-2-3所示）

图1-2-2　　　　　　　　　图1-2-3

小雨点落在了我们的小手上、雨衣上，发出了"嗒嗒嗒"的声音。（如图1-2-4、图1-2-5所示）

图1-2-4　　　　　　　　　图1-2-5

小雨点落在了幼儿园的喷泉池中，流进了下水道里，发出了"啪嗒啪嗒""咕噜咕噜"的声音，可真有趣！（如图1-2-6、图1-2-7所示）

图1-2-6　　　　　　　　　　　　图1-2-7

3. 探究三：雨中游戏

幼儿们都很喜欢玩水，对雨的到来充满期待。瞧，大家穿上雨衣、雨鞋，在雨中尽情地狂欢。（如图1-2-8所示）

图1-2-8

猜一猜，我们用杯子接雨水要干吗呢？（如图1-2-9所示）

哈哈！原来我们用接来的雨水加上颜料和洗洁精制作成了泡泡水，吹出了彩色的泡泡。哇，真的很神奇！（如图1-2-10所示）

图1-2-9   图1-2-10

4. 探究四：雨后散步

雨后散步时，我们感觉到空气特别清新。瞧瞧，我们又发现了哪些奇特现象呢？（如图1-2-11所示）

图1-2-11

哇，地面上是什么呢？让我看一看，摸一摸。老师告诉我们："这个是因为雨后路面上都积了水，汽车漏下的污油就会形成大片彩色条纹，这是油膜薄层在阳光下出现的光的散射，叫作'油斑'。"（如图1-2-12所示）

老师还告诉我们："下过雨后，空气中飘浮着许多小水珠，它们会折射太阳光，出现不同的色彩，形成彩虹。"（如图1-2-13所示）

图1-2-12

图1-2-13

5. 探究五：雨季"画"意

回到教室后，小朋友们说要把雨中的景象画下来。

苹果说："我要画和小朋友一起在雨中玩耍。"

可冉说："我要画雨滴落在花儿和小草上。"

一一说："我要画妈妈撑着小花伞在雨中漫步。"

彬彬说："我要画雨哗啦啦落下来的样子。"

……

瞧，我们画得可认真了。（如图1-2-14、图1-2-15所示）

图1-2-14

图1-2-15

我们画的雨中景象美不美呢？（如图1-2-16所示）

图1-2-16

夏雨给我们带来了快乐，它滴答滴答的声音像在唱歌；夏雨给我们带来了希望，它淅沥淅沥的声音像在跳舞。雨点让小草更绿了，让花儿更美了，它滋润了田野，扮美了世界。夏雨真美好！让我们相约下一个雨季！（如图1-2-17所示）

图1-2-17

六、活动完成感悟

（1）活动源于幼儿的生活，又回归生活。雷雨是生活中十分常见的自然现象，孩子们对雨水又特别喜爱，在活动中让他们融入大自然，通过看一看、听一听、玩一玩等多感官的参与，探索发现雷雨这一奇妙的现象。

（2）活动可以增加一些科普环节，如面对雷雨天气时应该如何进行安全防范等，提升孩子们的自我保护意识。

（本案例由中一班饶颖老师提供，文中姓名均为化名）

玩转秋叶

一、活动兴趣来源

秋天到了，幼儿园里到处都是秋叶的踪迹，环境布置里、活动中处处都能见到秋叶。为了留住秋的精灵，激发小朋友发现大自然的美，引发他们对各种秋叶的关注和兴趣，因此有了"玩转秋叶"的活动。

"一叶落知天下秋"，秋天的信使——树叶，正轻轻地落下来。有的如同蝴蝶翩翩起舞，有的如黄莺展翅飞翔，还有的好像小精灵在空中轻盈旋转，仿佛在告诉我们秋姑娘正悄悄地来了。（如图1-3-1所示）

图1-3-1

二、活动前期思考

在美丽的秋天里，怎能少得了红的、黄的秋叶呢？秋意渐浓，正是感受同一种植物不同季节"变色"的神奇的好时机。若问孩子们，秋天里有什么，他们一定会回答"有落叶"。活动中让幼儿感受树叶颜色、形状的多元化与丰富性的同时，要抓住其对秋叶探索的兴趣点，因此在活动推进中，需要思考以下几点。

1. 深度挖掘自然探索对幼儿发展的教育价值

我国著名儿童教育家陈鹤琴先生说过："大自然大社会都是活教材。"教师应经常带孩子们接触大自然，引导他们关注、了解自然与生活的密切关系，激发其好奇心与探究的欲望。在探索秋天的过程中，不仅能够激发幼儿对周围事物的兴趣，使他们感受到大自然的神奇，还能促进想象力与创造力的发展，他们今后会更加乐意亲近自然，发现身边的事物。

2. 教师怎样为幼儿提供科学可持续的教育方法

幼儿天生好奇好问，喜欢用各种感官去探索周围世界。因此，重要的是教师要为孩子提供探索的途径，满足其好奇心，让他们亲身去体验、挖掘答案。教师要善于随机应变，形成探索经历，开发幼儿潜能，促进幼儿个性的发展。

三、活动研究目标

（1）引导幼儿感知秋天，了解秋叶的各种形态及特征。

（2）通过各种活动，帮助幼儿增长见识，提高动手操作能力和语言表达能力。

（3）引导幼儿感受秋叶的美，喜爱秋天，体验创作与表达的快乐。

四、活动思维导图

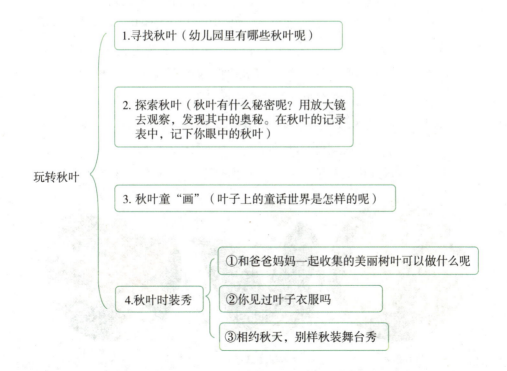

玩转秋叶

1.寻找秋叶（幼儿园里有哪些秋叶呢）

2. 探索秋叶（秋叶有什么秘密呢？用放大镜去观察，发现其中的奥秘。在秋叶的记录表中，记下你眼中的秋叶）

3. 秋叶童"画"（叶子上的童话世界是怎样的呢）

4.秋叶时装秀

①和爸爸妈妈一起收集的美丽树叶可以做什么呢

②你见过叶子衣服吗

③相约秋天，别样秋装舞台秀

五、活动探究

1. 活动一：寻找秋叶

秋天来了，孩子们兴奋地在幼儿园里寻找秋姑娘带来的礼物——秋叶。

小萱说："瞧，地上有很多叶子呢！"（如图1-3-2所示）

小骞说："我发现了一片红色的叶子。"（如图1-3-3所示）

图1-3-2

图1-3-3

小睿说："老师，为什么绿色的叶子会变成黄色掉在地上呢？"

老师说："秋天到了，天气变冷了，叶子里面有一种叫'叶绿素'的物质受到破坏，缺少营养，叶片就逐渐由绿色变为黄色，从树上脱落下来。这也是树叶在四季颜色不同的原因。"孩子们听完都纷纷去捡地上的落叶。

小柠说："瞧，这黄色的叶子好像弯弯的月亮。"

小心说："哇！我找到的叶子好像一把小扇子，很漂亮呢！"（如图1-3-4所示）

小远说："这里还有紫色的叶子呀！"（如图1-3-5所示）

小铭说："这红色的叶子好像我的小手掌呢！"（如图1-3-6所示）

图1-3-4   图1-3-5   图1-3-6

孩子们找到了"红色的""紫色的""像扇子的""像手掌的"叶子……除了颜色和形态上的不同，叶子还有大小、厚薄、气味、质地上的不一样。看似普通的叶子其实还藏着许多秘密，我们一起去探索吧……

2. 活动二：探索秋叶

虽然叶子形状各不相同，但仔细观察，会发现它们身上有许多小线条，这些小线条是什么呢？

让我们来认识一下叶子的结构。

老师："叶子上有像树枝一样的小棒叫什么呢？"

小心："这是叶柄。"（如图1-3-7所示）

老师："叶子上面一条一条的线叫什么呢？"

小宸："一条一条的线是叶脉。"（如图1-3-8所示）

图1-3-7 　　　　　　　　　　　　图1-3-8

小辰："老师，我知道尖尖的是叶尖，我爸爸告诉我的。"

小宁："这些都是叶缘，我在图书角的书上见过，还是老师告诉我的呢！"

孩子们懂的真多呀，通过观察我们知道了叶子的结构，叶子是由叶尖、叶脉、叶缘、叶柄组成的。

小泊："我用放大镜看叶子结构会更清晰吗？"（如图1-3-9所示）

小朋友们认识了叶子的结构，叶片上还有很多秘密呢！叶片上有一层透明的薄膜，起保护作用。还有叶脉，主要作用是负责运输叶子的水分和营养。

我们把看到的秋叶都记录下来了，快来看看我们记录的叶子吧。（如图1-3-10所示）

图1-3-9   图1-3-10

　　小朋友们发现的叶子可真是形态万千哪！网状的、长条的、卷边的……认真的小朋友真是最可爱。

　　秋叶还是一位神奇的魔法师呢！它给我们带来什么样的魔法呢？一起去瞧瞧吧。

3. 活动三：秋叶童"画"

　　小轩："这叶子上画了什么呢？"

　　小泊："有蓝蓝的天空、白白的云朵，还有彩色的晚霞，这可是我和妈妈一起画的呢！"（如图1-3-11所示）

　　小川："我画的是星空，美不美？"

　　大家："哇！星空！"

　　小奕："你的叶子上为什么会有黑色呢？"

　　小阳："这是我在叶子上画的黑色土地，我妈妈在上面种了一棵小树呢！"

　　一闪一闪亮晶晶，快来欣赏"叶空"中闪亮的星星吧！（如图1-3-12所示）

图1-3-11

图1-3-12

　　一片片落叶华丽转身，变成了美丽的星空、广阔的海洋、缤纷的晚霞……太梦幻了，让我们继续遨游在秋天的童"画"里，秋叶还有无数的遐想与快乐，让我们继续新的探索。

　　小辰："来，做一个和我一样的发型。"

　　小杨："我的漂亮小蝴蝶，送给我妹妹的。"

　　小泽："小乌龟爬来喽，小鸟飞走啦。"

　　太不可思议了，一片片秋叶变成了小动物，变成了帅气有型的人物，想法新颖又有创意，这可都是小朋友们灵巧的小手做成的，快来夸夸他们吧！（如图1-3-13所示）

图1-3-13

4. 活动四：秋叶时装秀

在这个美丽的季节，幼儿园与家长们一起筹备了一场"秋叶时装秀"活动，在舞台上绽放属于我们的魅力。

好兴奋哪，走秀马上就要开始了。

瞧，我们穿上妈妈准备的草裙、沙滩泳装、维密秀衣服，好时尚啊！（如图1-3-14所示）

图1-3-14

我的面具与造型是不是很有范？（如图1-3-15所示）

图1-3-15

我的姿势是不是很专业？

"咔嚓"一声，拍下一张全家福。（如图1-3-16所示）

图1-3-16

为了感谢妈妈，我们也制作了小礼物来谢谢她对我们辛勤的付出，快看看我们制作了什么礼物吧！（如图1-3-17所示）

图1-3-17

在寻找、认识、收集、探索、玩转秋叶的过程中，孩子们爱上了秋天里五彩缤纷的叶子，也爱上了绚丽多姿的秋天，让我们继续去探索秋天更多的色彩吧！

六、活动完成感悟

（1）活动选材贴近幼儿生活，便于幼儿观察、体验，感受秋叶是秋季的特有景象。

（2）在"玩转秋叶"活动中，启发孩子在宽松愉悦的环境里，自发主动地探索学习。活动中寻找各种叶子、收集落叶以及观察、记录，从孩子的本位出发，转变教师角色，帮助孩子成为活动的主人公，教师在旁边引导他们记录、

发现不同之处，出现问题时引导他们先思考再讨论，在宽松愉悦的环境里和同伴互动，自主地探索学习。

（3）本次活动既注重了知识经验的获得，又注重了幼儿观察、探索、发现、动手能力的培养。在本次活动中，幼儿用不同的方式玩转秋叶，如"秋叶童'画'""秋叶时装秀"等活动，获得对秋天不一样的感悟，这对幼儿来说是一次宝贵的实践经验，在体验活动中探索、思考、收获、成长，正是此次活动的成果。

（4）秋叶是大自然的馈赠，在探索秋叶的过程中使幼儿萌发对生活的热爱。丰富多样的秋叶给孩子们提供了动手操作、发现、观察、想象的广阔空间，不仅使他们感受到大自然的魅力，还能享受愉快的欢乐时光，同时，孩子们的创造力得以发挥。让创意温暖秋天，希望孩子们继续徜徉在秋叶的创意世界里。

（本案例由中四班何潇老师提供，文中姓名均为化名）

冰雪奇缘

一、活动兴趣来源

相对于春的华彩、夏的喧嚣、秋的绚烂，冬天似乎有些单调。然而，对于孩子们来说，冬天又是如此特别，冬天是可爱的、多姿的。雪给孩子们带来了无穷的欢乐，也给冬日增添了不一样的美丽风景。孩子们爱冬天的雪，爱它的纯洁，爱它的无私，是雪把最美好的景色送给了大地。

孩子们感受到了气候、生活起居、穿衣打扮的变化，还因为冰雪的出现而欣喜不已！让我们和这群可爱的"小精灵"一起寻找冬天的踪迹，拥抱太阳的温暖，一起探究冬天的秘密吧！

二、活动前期思考

冬天来临，孩子们会自然地感受到气候变冷，发现人们的生活起居、穿衣打扮有了变化。从对冬季生活的感受和体验切入，教师和孩子们一起去拥抱阳光的温暖，闻闻阳光的香味，参与户外活动，观察人们的衣着……在这些活动中，孩子们会高兴地、勇敢地面对环境，自觉地、主动地认识周围的变化，他们的认识在生活化的情景中得到发展，积极的情感态度也随之形成。

同时，我们可以引导孩子做个有心人，及时捕捉冬天各种典型的季节特征，如结冰、下雪等。这些自然现象和孩子们的生活密切联系，我们要注重在日常生活中对孩子加以引导和教育，并充分利用社区、家庭资源，为他们的探索创造良好的条件。

在"冬天的信息"主题活动中，我们班的孩子了解到植物是如何过冬的、冬天里还有许多坚守岗位的叔叔阿姨、天气寒冷我不怕、动物是如何过冬的等关于冬日的知识，为我们这次"冰雪奇缘"活动提供了良好的前期准备。

三、活动研究目标

（1）引导幼儿体验季节的变化，感知冬季的基本特征。

（2）在活动中，鼓励、引导幼儿积极动手动脑并发现问题，提高幼儿的探究意识。

（3）激发幼儿的学习兴趣和对大自然的探索精神。

四、活动思维导图

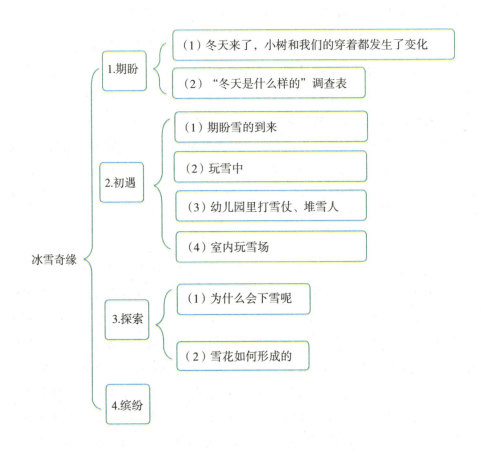

五、活动探究

1. 探究一：冰雪奇缘——期盼

冬天来了，我们的阅读区里投放了许多关于冬天的绘本，孩子们对绘本《松鼠先生和第一场雪》产生了浓厚的兴趣（如图1-4-1所示），一日晨间区角活动中，一群叽叽喳喳的小可爱找到了笔者。

图1-4-1

跳跳："老师老师，松鼠先生和它的好朋友在等雪，它们从来都没有看到雪呢！"

老师："对呀，它们一到冬天就会冬眠，所以它们从来没有看过雪。你们看过雪吗？"

满满："我去年看过雪，妈妈说过年的时候还会下雪的。"

多多："它们等到雪了，雪地里真好看！"

花花："老师老师，怎么还不下雪呀？我想去堆雪人。"

老师："因为冬天才刚刚开始，气温还不到下雪的时候那么低。冬天除了雪，还会给我们带来其他的小秘密，你们发现了吗？"

小蔚："我每天都要穿毛衣、棉袄，穿得暖暖的上幼儿园。"

花花说："小树的叶子都掉没了。"

……

就在孩子们的你一言我一语中，冬天悄悄地到来了，孩子们开始了寻找冬天的旅程……冬天到底是什么样子的呢？笔者向孩子们发放了寻找冬天的调查表，快来看看孩子们的发现！（如图1-4-2所示）

图1-4-2

孩子们在调查、寻找中通过观察冬天的景色、人们的活动，发现冬季大自然的奥秘，从而大胆地想象、自由地表现自己眼中的冬天。学会快乐、勇敢地面对冬日的严寒，更加热爱自然、热爱生活。

2. 探究二：冰雪奇缘——初遇

气温逐渐降低，孩子们的保暖装备也在逐步升级——围巾、手套、雪地靴，一场与雪的美丽邂逅，满心期待的孩子们已经坐不住啦！

满满："老师老师，什么时候才会下雪呀？真想快点下雪！"

老师："小朋友们，天气预报说，下周就会下雪了，到时候我们一起玩雪吧！"

日子一天一天过去，雪精灵终于与我们见面了，孩子们已经"全副武装"，迫不及待地要开始大干一场了！

芊芊："下雪了，下雪了，雪地里留下了我的小脚印。"

萌萌："快看，我和爸爸妈妈在雪地里留下了我们一家人的手印，还有我和爸爸妈妈一起堆的雪人。"

芽芽："我试试能不能把我的脸也印在雪上！"（如图1-4-3所示）

图1-4-3

下雪真是太有意思了，雪地里留下了许多欢笑声。可是孩子们还心心念念着幼儿园的小伙伴和老师们，一场幼儿园内的玩雪活动即将开始啦！打雪仗、堆雪人喽！相信这一定是孩子们和老师们最开心的一天！

室外的雪融化后，室内玩雪场开始营业啦！（如图1-4-4、图1-4-5、图1-4-6所示）

图1-4-4

图1-4-5　　　　　　　　　　　　图1-4-6

3. 探究三：冰雪奇缘——探索

雪地里、操场上，孩子们尽情地嬉戏，孩子们玩雪的表情是多么的天真可爱呀！孩子们不仅与雪亲密接触，他们也产生了一连串的疑问："为什么会下雪呢？雪是怎么来的呢？"

跳跳："天冷就会下雪了。"

芽芽："雪和白云的颜色是一样的，雪是白云下下来的。"

多多："雪是雨水变的吧？"

那么，雪到底是怎么来的呢？我们一起来看看吧。

原来雪是从混合云中降落到地面的雪花形态的固体水，由大量白色不透明的冰晶（雪晶）和其聚合物（雪团）组成的降水。雪是水在空中凝结再落下的自然现象。雪只会在很低的温度及温带气旋的影响下才会出现。（如图1-4-7所示）

原来雪就是水变的，大自然可真厉害！温度升高雪就会融化，这可怎么办呢？孩子们想了一个好办法，一起来把可爱的小雪人画下来吧，以后看见小雪人绘画作品就会想起我们堆的雪人了！

图1-4-7

4. 探究四：冰雪奇缘——缤纷

美术绘画也是这次活动的重点，孩子们眼中的冬天是什么样子的呢？让我们一起拿起彩色的画笔，为这个冬天增添一抹色彩吧！（如图1-4-8、图1-4-9、图1-4-10所示）

图1-4-8   图1-4-9

图1-4-10

幼儿美术活动过程既包含幼儿由外向内的感受和吸收，也包含幼儿由内而外的创作和表达。一次完整的美术教育一般包括感知、体验与探索，孩子们通过前面一系列的活动探究与体验，心中早已有了"我眼中的冬天"模板，因此会在积极的状态中运用自己喜欢的方式进行个性化表达，最后呈现出一幅幅充

满灵性的作品。

六、活动完成感悟

我们与孩子们一起看春天的花，吹夏天的风，感受秋天的美好，探索冬天的奥秘。在"冬天的信息"活动中，我们引导孩子们从冬天的生活感受和体验出发，发现一个个不一样的冬天；从他们的关注点出发，与"雪"进行了一场美丽邂逅，探索冰雪的形成和变化，与雪精灵尽情嬉戏，这是大自然送给我们的礼物！随着冬天传统节日的来临，孩子们体验到新年节日的喜悦之情，感受着与同伴一起分享设计的快乐！从岁月轮回的角度来讲，冬天是一个蓄势待发的过程，是一个积累、总结、发酵的过程。它孕育着新生力量，准备下一个万物复苏。

（本案例由中四班吴佳敏、李婷老师提供，文中姓名均为化名）

察"颜"观"色" "玩"美世界

一、活动兴趣来源

美术是幼儿最喜欢的活动，在美工区我们投放了各种彩色的颜料。一开始孩子们对颜色的认知和对颜料的掌控是缺乏经验的。他们更多的是进行涂鸦，在涂鸦的过程中孩子们发现颜色的混合特别有趣。从此，孩子们在美工区玩颜料的热情高涨，他们总是乐此不疲地把所有颜色混在一起"搅和"，在这一过程中表现得异常兴奋。今天的美工区活动中，孩子们对于颜色又有什么发现呢？快来听听他们之间的对话。

小铭："看！绿色和红色在一起怎么变颜色了？"

小菁："咦！刚刚的黄色和蓝色怎么不见了？"

小灵："盘子里怎么变成黑色了？"（如图1-5-1所示）

图1-5-1

在创作的过程中，孩子们发现几种颜色混合在一起会变出新的颜色，他们纷纷惊讶于这一神奇的现象，于是我们察"颜"观"色"的故事开始了！

二、活动前期思考

颜色在生活中很常见，小朋友们经常会谈论自己眼中的色彩。在美工区活动中，孩子们随机将颜色混在一起后出现了不一样的颜色。这一现象引发了他们的兴趣和好奇，我们觉得这是开展此次活动的良好契机。在活动推进中，需要思考以下两点。

1. 明确玩色活动对孩子发展的意义

玩色游戏是幼儿园美术教育中的重要组成部分，也是幼儿十分喜爱的一种美术创作形式。通过玩色游戏，可以提升孩子们的想象力、创造力和对色彩的感知能力，让幼儿在轻松愉快的氛围中感受色彩的美妙和有趣，表达自身对世界的独特看法，为发展幼儿发现美、感受美、表现美的能力奠定基础。

2. 教师能用科学的方法支持幼儿的发展

对颜色探究的目的不是幼儿能够学习多少知识技能，而是如何引导幼儿对颜色的变化产生兴趣，从而发现颜色的美妙和有趣。在找一找、看一看、玩一玩的过程中，幼儿能够发现美、感受美、表现美。作为老师，我们要给予幼儿尊重、支持，适时搭建支架，促进幼儿深度学习。

三、活动研究目标

（1）发现自然和生活中常见的颜色及色彩的变化。

（2）愿意表达、交流自己对颜色的体验与想法。

（3）在玩色活动中，体验色彩的美妙和有趣。

四、活动思维导图

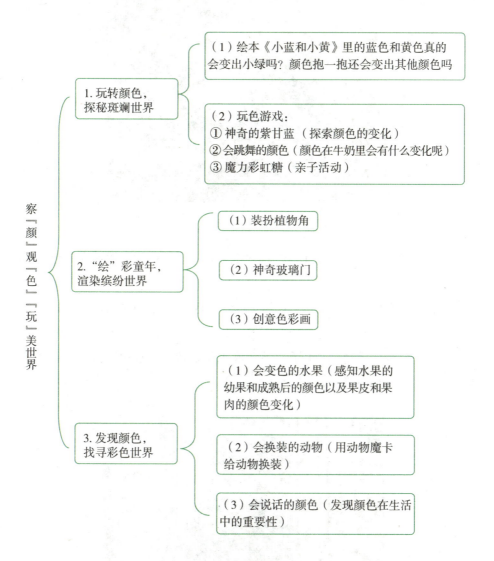

察「颜」观「色」「玩」美世界

1. 玩转颜色，探秘斑斓世界

（1）绘本《小蓝和小黄》里的蓝色和黄色真的会变出小绿吗？颜色抱一抱还会变出其他颜色吗

（2）玩色游戏：
① 神奇的紫甘蓝（探索颜色的变化）
② 会跳舞的颜色（颜色在牛奶里会有什么变化呢）
③ 魔力彩虹糖（亲子活动）

2. "绘"彩童年，渲染缤纷世界

（1）装扮植物角

（2）神奇玻璃门

（3）创意色彩画

3. 发现颜色，找寻彩色世界

（1）会变色的水果（感知水果的幼果和成熟后的颜色以及果皮和果肉的颜色变化）

（2）会换装的动物（用动物魔卡给动物换装）

（3）会说话的颜色（发现颜色在生活中的重要性）

五、活动探究

1. 活动一：玩转颜色，探秘斑斓世界

在一次阅读绘本《小蓝和小黄》时，孩子们对于混色产生了不同的想法。

小堃："小蓝和小黄抱一抱，真的会变成小绿吗？"

小甜："那我们可以怎么变呢？"（如图1-5-2所示）

图1-5-2

小卿："我想用超轻黏土，之前我把两块不同颜色的彩泥捏在一起就变成不同颜色了。"

小祺："我们可以用水粉，像做蛋糕一样将不同的颜色搅拌在一起。"

老师："小朋友们，小蓝和小黄拥抱能不能变出小绿呢？我们来看一看吧！"

小卿："我的黄色和绿色在一起，有点像黄色，有点像绿色，我觉得有点像梨的颜色。"（如图1-5-3所示）

图1-5-3

小祺："我用黄色和蓝色搅拌在一起变出小绿了。"

小萱："黄色和红色在一起，如果红色太多的话，看起来还是红色，往里面多加黄色，才会越来越像橘色。"

小言："我发现红色和蓝色加在一起是紫色，我还以为会变成黑不溜秋的颜色。"

孩子们将自己的发现记录下来。（如图1-5-4所示）

看，我们的记录表完成了。（如图1-5-5所示）

图1-5-4   图1-5-5

小蓝和小黄抱一抱就变成了小绿，小红和小黄拉拉手就成了橙色，小蓝和小红亲一亲竟然变成了紫色。原来颜色这么有趣，那我们和颜色一起玩游戏吧！

【游戏一】神奇的紫甘蓝

游戏准备：紫甘蓝汁、白醋、碱水、柠檬酸、雪碧、小苏打。

紫甘蓝真奇特，它和白醋、柠檬酸、雪碧抱一抱会变成红色，和碱水抱一抱变成了绿色，而和小苏打抱一抱又变成了蓝色。（如图1-5-6所示）

图1-5-6

颜色的世界真奇妙，好像梦幻的音乐会，让我们和颜色小精灵们一起跳个舞吧！

【游戏二】会跳舞的颜色

游戏准备：牛奶、色素、棉签、盘子、洗洁精。

有的颜色小精灵在围着牛奶转圈圈，有的颜色小精灵在牛奶里面跳圆圈舞，有的颜色小精灵在牛奶里面表演芭蕾舞。颜色和牛奶在一起欢快地舞动着，你看多神奇呀！（如图1-5-7所示）

图1-5-7

【游戏三】魔力彩虹糖

游戏准备：彩虹糖、水、盘子。

小苒："爸爸，你快看，红色、黄色、蓝色的彩虹糖围成一个圆圈变成了一朵彩虹花。"（如图1-5-8所示）

图1-5-8

小皓："彩虹糖变出了好漂亮的颜色，有红红的、黄黄的、绿绿的，像七彩云朵！"

神奇的颜色小精灵们不仅会跳舞，还可以变出美丽的彩虹，虽然生活中我们很少看到彩虹，但是颜色小精灵们可以变出来呢！（如图1-5-9所示）

图1-5-9

2. 活动二："绘"彩童年，渲染缤纷世界

童年是缤纷的、炫丽的，每一个孩子都是创作家，孩子们眼里的世界是五彩斑斓的。一双双小手装扮着五彩的梦，小朋友们开始用自己的画笔装扮教室。让我们一起走进孩子们装扮的世界吧！

（1）装扮植物角。（如图1-5-10所示）

图1-5-10

（2）神奇玻璃门。（如图1-5-11所示）

图1-5-11

（3）创意色彩画。（如图1-5-12所示）

图1-5-12

在孩子们的装扮下，雪娃娃走进了我们教室，美丽的梅花在孩子们的心中盛开，五彩的烟花在孩子们的手中绽放，就连色彩单一的植物角也变得多姿多彩啦！孩子们用颜色装扮着生活，颜色也藏于生活之中。

3. 活动三：发现颜色，找寻彩色世界

在这个美丽的季节，小一班的小朋友们走进了颜色的世界，和颜色小精灵们成了好朋友，全心全意地投入寻找颜色的活动中。我们一起来看看小朋友们都发现了哪些颜色吧！

（1）会变色的水果。吃点心的时间到了，小朋友们看到苹果开始讨论起来了。

小悦："今天吃黄色的苹果，我最喜欢吃黄黄的苹果了。"

小菁："我在超市看到的苹果是红色的，今天吃的苹果怎么是黄色的？"

小苒："我在超市看到的哈密瓜是绿色的，回家后妈妈把果皮削了就变成黄色的了，苹果肯定也是这样的！"

小皓："上次我和妈妈去摘草莓看到了红色和绿色的草莓，妈妈说草莓长大了就变成红色的了。"（如图1-5-13所示）

图1-5-13

　　小朋友们发现有的水果宝宝小时候的颜色和长大后不一样，有的水果宝宝果皮是一个颜色，果肉是另一个颜色！（如图1-5-14所示）

图1-5-14

　　（2）会换装的动物。

　　齐齐："老师，我在图书柜里发现了变色龙，它有好多颜色哦！"

　　孩子们看着变色龙聊起来了。（如图1-5-15所示）

图1-5-15

小妤："老师你看，变色龙在绿色的叶子上变成了绿色。"

小萱："叶子变成了红色，变色龙也变成了红色，好神奇呀！"

小奇："变色龙有的时候是黄色的，有的时候是蓝色的，有的时候还是绿色的！"

小齐："变色龙会换好多不同颜色的衣服，我也想给小动物换上不同颜色的衣服！"

于是孩子们带上动物魔卡开启了动物的换装之旅！孩子们的目光望向花园、草地、树枝，通过动物魔卡精巧的小动物轮廓与自然界的景色完美融合，每只可爱的小动物都仿佛在纸上活了起来，呈现出一幅幅全新的美景。（如图1-5-16所示）

图1-5-16

（3）会说话的颜色。小朋友们在大自然中找到了不同的颜色，那生活中的颜色又藏着哪些秘密呢？

小祺："今天我看到红绿灯了，妈妈说红灯要停下来等一等。"（如图1-5-17所示）

小馨："我知道，红灯时我每次都会牵着妈妈的手停下来等一等。"

小密："对对对，我们都知道'红灯停，绿灯行，黄灯来了等一等'。"

小溪："如果没有红绿灯的话，那就很容易交通堵塞，我们上幼儿园也不方便了，还有可能迟到哦！"

图1-5-17

原来颜色不仅可以装扮美丽的世界，和我们一起玩游戏，还可以帮助我们指挥交通。孩子们分享着颜色带来的惊喜，探索颜色的奇妙，寻找颜色的奥秘，感受颜色给生活带来的美好。每种色彩都应该盛开，每个孩子都值得被期待，让我们一起期待孩子们更加多彩的未来吧！

六、活动完成感悟

（1）活动选材源于幼儿兴趣。小班幼儿正处于对色彩的敏感期，他们对身边的各种颜色充满了兴趣。当孩子们在美工区发现颜色混合会变出不同的颜色后，便对颜色的变化产生了浓厚的兴趣，本次活动据此生成。

（2）采取多元的方式开展活动。活动中，孩子们和同伴、家长、教师一起探索颜色的美妙，感受颜色变化的乐趣。活动采取集体、小组，个别、亲子相结合等多元的方式开展，让每个孩子在生活中都能发现颜色的美妙和有趣，真正做到寓游戏于生活。

（本案例由小一班谢金艳老师提供，文中姓名均为化名）

"布" 同凡响

一、活动兴趣来源

为了提高大班幼儿的动手能力及审美能力，幼儿园于本学期在大班新添了公共区域"小裁缝"店铺。这些多彩的布是幼儿熟悉的物品，它与幼儿的生活息息相关，蕴藏着丰富的教育资源，可以为幼儿提供一个广阔的探索空间。在这个区域里，关于布的讨论每天都在上演……

小鸿："老师，这种纱布可以做我的蓬蓬裙吗？"

小远："这上面亮晶晶的布是用什么做的呢？"

小依："这个布上面的图案是怎么做上去的呢？"

小宸："咦，这些漂亮的布是怎么做成衣服的呢？"

就这样，孩子们带着"十万个为什么"走进了布的世界，快来看看孩子们和布发生的有趣的故事吧！

二、活动前期思考

布是我们生活中常见的物品，不同的布蕴藏着不同的文化，散发着浓浓的文化气息。生活处处皆教育，《幼儿园教育指导纲要（试行）》中指出：教师应"善于发现幼儿感兴趣的食物、游戏和偶发事件中所隐含的教育价值，把握时机、积极引导"。

幼儿日间谈话和聊天都透露着他们对生活中事物的好奇，对生命成长的需求。老师要善于发现、善于观察，捕捉孩子的关注点与兴趣点。

教师在组织整个主题活动时要注意两个原则：一是取舍和拓展原则。这个主题容量很大，既涉及布的不同材质、纺织技术，又涉及布在生活中的种种用途，以及布的装饰性带来的美感等，所以在组织活动时应根据本地幼儿的生活实际加以取舍，并拓展一些相应的活动。二是尽量使用真实材料原则。因为布除了视觉效果外，其触觉体验也是值得探究的一个很重要方面，而图片或者音像产品等替代品是无法还原布的真实面貌的。因此，教师、幼儿及家长可以多多收集零碎布料和各种不同的布制品，为幼儿尽可能地提供丰富的感官体验。

三、活动研究目标

（1）在对布进行叠叠、剪剪、拼拼、做做、玩玩、说说等各种游戏的过程中，了解各种布的特性和广泛用途。

（2）能积极参与资料的收集、展示，愿意与同伴分享各种布的资料和知识经验。

（3）欣赏服装的美，激发孩子对服饰文化的热爱，培养孩子欣赏美和创造美的能力。

四、活动思维导图

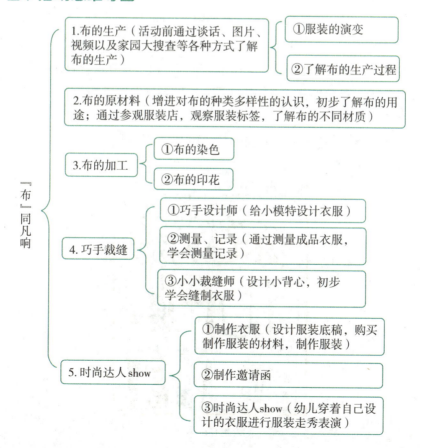

「布」同凡响

1.布的生产（活动前通过谈话、图片、视频以及家园大搜查等各种方式了解布的生产）
- ①服装的演变
- ②了解的生产过程

2.布的原材料（增进对布的种类多样性的认识，初步了解布的用途；通过参观服装店，观察服装标签，了解布的不同材质）

3.布的加工
- ①布的染色
- ②布的印花

4.巧手裁缝
- ①巧手设计师（给小模特设计衣服）
- ②测量、记录（通过测量成品衣服，学会测量记录）
- ③小小裁缝师（设计小背心，初步学会缝制衣服）

5.时尚达人show
- ①制作衣服（设计服装底稿，购买制作服装的材料，制作服装）
- ②制作邀请函
- ③时尚达人show（幼儿穿着自己设计的衣服进行服装走秀表演）

五、活动探究

1. 探究一：布的生产

我们身上穿着用各种布料做成的衣服，在很久之前是不是也有这么漂亮的布料呢？以前的人们穿的衣服是不是和我们现在穿的一样呢？

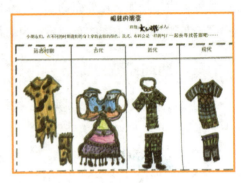

图1-6-1

看！经过孩子们的调查，他们发现原来在很久很久以前，那个时候还没有布，人们用动物的皮毛、树叶做衣服。（如图1-6-1所示）

后来，人们会织布了，就用布做各种各样的衣服。孩子们还发现，从很久以前到现在，每个时期衣服的款式都大不一样。孩子们一起和老师了解了我们国家不同时期的服饰，这些衣服都好漂亮。老师告诉他们，科技越来越发达，现在的布料大部分都是用机器生产出来的。这些布料是经过哪些步骤才生产出来的呢？快来看看孩子们的调查吧！

在调查前，孩子们和爸爸妈妈在网上查阅各种图片资料，观看了布的生产过程的视顿。

一起来看看孩子们的调查结果吧！（如图1-6-2所示）

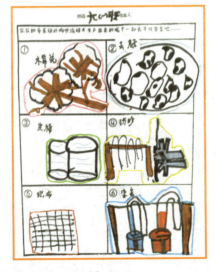

图1-6-2

通过调查，孩子们发现原来布是由棉花纺成线又织成布的。有些布是白色的，有些布是有颜色的，这是因为布被染色了。

既然布是从线纺织而来，线又是用棉花纺成的，那么是不是所有的线都是用棉花纺成的呢？

2. 探究二：布的原材料

孩子们又去调查了各种布的原材料。

快看，孩子们找到的各种各样的布。

老师让孩子们用手感受各种布料，它们摸起来感觉都不一样呢！

这些摸起来感觉不一样的布料是用一样的原材料制作出来的吗？一起来看看孩子们的调查结果吧！（如图1-6-3所示）

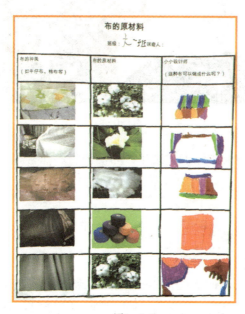

图1-6-3

琥珀："这个是麻布，麻布摸起来有一点点硬呢！"

大象："这个是丝绸，它是用蚕丝制成的，妈妈说这种布比较适合做旗袍，摸起来滑滑的。"

承承："我还找到了雨伞上的布，妈妈说雨伞上的布是用化工材料制成的。"

通过调查，孩子们知道除了棉花，还有很多植物、动物毛和化工材料都可以作为纺线的原材料呢，如竹子、麻、羊毛、石油、塑料……

根据这些原材料，布大致可以分为棉、麻、丝、毛、化学纤维五种。

既然布的原材料有这么多，那我们穿的衣服从哪里可以看出来是由哪些原料做成的呢？你们瞧孩子们在看什么？原来他们在看衣服上的标签。（如图1-6-4所示）

图1-6-4

通过实践和调查，孩子们发现生产布的原材料非常丰富。那一块纯色的布又是经过怎样的加工变成五彩斑斓的呢？上面的花纹又是怎样印上去的呢？

瞧，孩子们变身染布工人啦！

3. 探究三：布的加工

（1）布的染色。

小晗："为什么我衣服上布的颜色有这么多种？是怎么染的呢？"

小吉："是把白色的布放在染料里，就把布染成彩色的了吗？"

一起看看孩子们是怎么染布的吧！

当孩子们再次打开这块布时，颜色可漂亮了，你们是不是也这样觉得呢？（如图1-6-5所示）

图1-6-5

（2）布的印花。老师说布上的花纹可以用很多种方法印上去，可以用针绣上去，也可以烫上去，当然还可以画上去啦！看，孩子们画的花纹好看吗？

第一步：用油画棒在布上画各种图案。

第二步：给布染上颜料。

大功告成啦，看！我们是不是特别厉害，布上的花纹是不是很不一样呢！
（如图1-6-6所示）

图1-6-6

4. 探究四：巧手裁缝

自从走进布的世界，孩子们早就迫不及待地想要体验成为裁缝师傅的感觉了。他们用各种各样的碎布给小模特设计了一套衣服，一起来看看他们是怎么

制作的吧！

（1）巧手设计师。首先，孩子们将小模特画好。然后，孩子们在各种布料上画上需要剪裁的区域，最后沿着线条剪下来。

瞧！我们给小模特的衣服做好啦，有漂亮的公主装，当然还有帅气的王子装啦！（如图1-6-7所示）

给小模特做衣服真容易，如果给小伙伴们制作衣服也是这样的吗？那可不是这么简单，第一个要学会的本领就是测量。那要测量什么呢？

（2）测量、记录。要做一套合身的衣服，首先我们要学会测量衣长、胸围、肩宽、裤长、腰围。

瞧！孩子们一边测量，一边记录，多认真呀！（如图1-6-8所示）

图1-6-7

图1-6-8

会测量成品衣服后，孩子们就开始给同伴测量啦！瞧，孩子们是不是很像一个个裁缝师！（如图1-6-9所示）

学会了测量记录，孩子们已经迫不及待地想要大显身手了，快来看看孩子们的制作成果吧！

（3）小小裁缝师。在老师的指导下，第一位小模特的背心制作完成了。（如图1-6-10所示）

图1-6-9

图1-6-10

孩子们还将他们穿不下的衣服进行改造，现在是不是合适了呢？是不是帅气十足？（如图1-6-11所示）

孩子们在区域活动的时候还缝制了各种包包。看，包包大集合！（如图1-6-12所示）

图1-6-11

图1-6-12

5. 探究五：时尚达人show

就这样，孩子们都变身为巧手裁缝，每天辛勤地在小裁缝店铺里忙碌着。

小裁缝店铺里每天都在发生各种各样的故事……

小珀："老师，我可以给自己设计一件拖地长裙吗？外面再加上白色的纱，一定特别好看。"

月月："老师，我真想穿上这些漂亮的衣服上台表演呢！"

既然这样，心动不如行动！一场服装盛会就要开始啦！孩子们的服装梦启动啦！

（1）第一步：设计服装底稿。

（2）第二步：购买制作服装的材料。在购买材料前，孩子们还和爸爸妈妈制订了购买计划。（如图1-6-13所示）

现在，孩子们就按照计划去购买材料啦！

（3）第三步：制作服装。看！孩子们和爸爸妈妈一起测量、裁剪、绘画、缝制，用自己的劳动和智慧创作是多么开心的一件事。（如图1-6-14所示）

图1-6-13   图1-6-14

服装制作完成了，孩子们有的化身为美丽的公主，有的化身为酷炫超人……（如图1-6-15所示）

图1-6-15

（4）第四步：制作邀请函。

熙熙："我们的表演时间马上就要到了，可以邀请谁来参加呢？"

小泓："我想邀请我的爸爸妈妈来参加。"

洋洋："还可以邀请中班和小班的弟弟妹妹来！"

小宇："邀请别人是不是要制作邀请函呢？"

瞧，孩子们制作的邀请函好看吗？孩子们已经将邀请函送到了我们的客人手中，真是越来越期待了。

终于到了表演的这一天，孩子们真是既激动又兴奋。看，他们的变装时刻到了，换上他们自己亲手制作的衣服，画上漂亮的妆，孩子们马上就要闪亮登场了。

在大一班秦老师的主持下，模特们、设计师们、裁缝师们闪亮登场，开始了属于他们的闪亮时刻。

男孩们酷炫的开场舞燃爆现场。

接着，孩子们一个个自信地走上舞台，展现大一班的时尚魅力。有的变身为优雅的公主，有的化身为酷炫蜘蛛侠，有的变身为酷酷的王子，既可爱又帅气。

一起来看看他们的精彩表现吧！（如图1-6-16所示）

图1-6-16

最后，在孩子们的载歌载舞中，在中班和小班的弟弟妹妹的掌声与鲜花中，结束了本次时尚达人show。

在这一场与布的相约中，孩子们收获了掌声，收获了自信，了解了丰富有趣的布文化，也体验了自己劳动所带来的成就感。期待宝贝们在今后的生活中，能用这绚丽多彩的布绘制更多五彩的梦。

本次主题活动的成功举办要特别感谢每位家长的配合与支持。

因为有家长的参与而与众不同。

你在创，我在做！

你在演，我在看！

你收获自信，我收获爱与崇拜。

好开心，孩子的成长过程中有父母的共同参与！

六、活动完成感悟

（1）本次活动"'布'同凡响"区域自主游戏，以幼儿兴趣为出发点，是幼儿对兴趣问题积极主动的探索过程。引导幼儿通过调查讨论了解服装的演变以及布的原材料和加工方式，在这个过程中引导幼儿自己寻找信息，这也是激发幼儿主动学习的前提。整个活动最大限度地给予幼儿自主游戏的时间与空间，以幼儿为游戏的主体，主导游戏内容，游戏形式丰富多样。

（2）材料体现层次性，满足各游戏水平的幼儿需要。其实缝制布料对于大班的幼儿来说还是有一定难度的，一开始我们并没有直接把针等缝制工具投入区域中，而是层层递进，从粘贴、测量、染布、裁布到缝制小包及缝制衣服，让孩子们获得成就感，体验当小小裁缝师的成就感。

（3）区域联动使游戏内容有拓展空间。在美工区投放染布、印花的各种材料，科学区投放各种测量工具，使得各个区域形成一定的联动，支持孩子们的后续游戏。

（4）社会性发展。活动并不单纯是材料操作，在互相测量、互相给对方缝制衣服时，发展孩子们的社会性行为。整个游戏中，让幼儿自己发现问题，并寻找解决的办法；让幼儿亲自制定规则，真正凸显了游戏的自由、自主。

（本案例由大一班占火红老师提供，文中姓名均为化名）

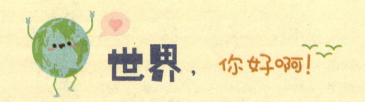

世界，你好啊！

自然的
秘密

奇幻泡泡秀

一、活动兴趣来源

说起玩泡泡，几乎没有孩子能抵抗它的魔力，它总能带给孩子无限的欢乐。无论何时，只要提供一瓶泡泡水，孩子们都会哇哇大叫，开始欢天喜地地吹泡泡。春游这天，孩子们在草地上玩着吹泡泡的游戏，他们不停地追着、吹着、打着泡泡，同时也对泡泡产生了不一样的思考：泡泡为什么能飞起来呢？为什么泡泡像彩虹一样有七彩的光呢？泡泡水是怎么做成的呢？为什么泡泡都是圆形的呢？……原来泡泡隐藏着这么

图2-1-1

多的奥秘，孩子们对泡泡有着这么多的好奇，那我们就一起走进泡泡的奇幻世界，寻找泡泡的秘密吧！（如图2-1-1所示）

二、活动前期思考

吹泡泡是孩子们生活中喜闻乐见的一种游戏，我们经常可以看见他们在小区中、公园里吹泡泡，追着泡泡玩。春游时当有孩子拿出泡泡棒来时，我们班孩子的目光都会被飞在空中的泡泡吸引住，他们你一言我一语地讨论起来："这个泡泡好大呀！它还飞起来了！""为什么泡泡一下就破了呢？""这些泡泡是彩色的。"……既然孩子们有着这么多的好奇，那我们就可以充分挖掘孩子们生活中的亲身经验，以幼儿的兴趣为契机，开展一次以泡泡为主题的探

索活动,让幼儿在探究活动中体验发现的乐趣。

在活动计划的推进中,我们需要思考教师参与游戏的方式。由于中班幼儿受到无意注意和具体形象思维的左右,对泡泡的探索只停留在表象,缺乏深度。因此在探索的过程中,需要教师以"同伴"的身份参与到整个活动中,推动活动的进行。教师通过开放性的问题及丰富多样的材料,激发幼儿不断思考,主动探索关于泡泡的奥秘。

三、活动研究目标

通过对孩子们兴趣的了解以及教师们的前期思考,制定本次活动的研究目标。

(1)引导幼儿了解生活中哪里有泡泡,运用各种感官感知泡泡的特性。

(2)自己动手制作泡泡水,尝试运用多种工具吹泡泡。

(3)在探究活动的过程中,体验发现的乐趣。

四、活动思维导图

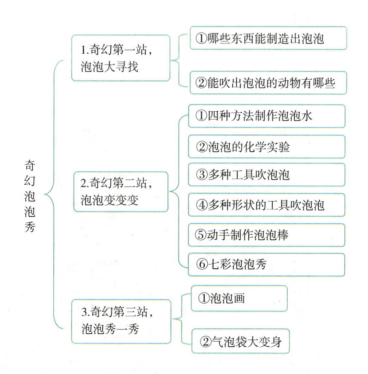

五、活动探究

1. 探究一：奇幻第一站，泡泡大寻找

游戏时间，当笔者拿出泡泡棒，孩子们都开心极了，有的追着泡泡，有的将泡泡越吹越高，有的用手拍着泡泡。

辛辛："你们快看，这个泡泡好大呀！它飞起来了，飞起来了！"

文仔："老师老师，这个泡泡像彩虹一样，有七彩光呢！"

可可："老师，为什么这个泡泡水可以吹出泡泡呀？这是什么做的呢？"

笑笑："为什么泡泡一下就破了，消失不见了呢？"

下午离园时，笔者给孩子们发了一张"泡泡大寻找"的记录表，请孩子们在家里、超市里寻找哪些东西可以制造出泡泡。

（1）哪些东西能制造出泡泡？

小洋："洗衣液洗衣服时会有很多的泡泡呢。"

非非："可乐打开会有很多的泡泡。"

小一："出去玩的时候，妈妈买的泡泡棒可以吹出泡泡。"

萌萌："每天刷牙也会有好多泡泡。"

田田："泡泡糖可以吹出泡泡。"

孩子们把自己找到的东西画在了记录表里。（如图2-1-2所示）

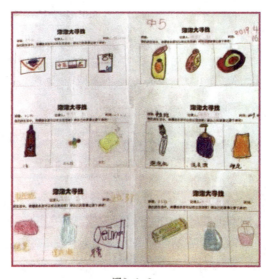

图2-1-2

这么多记录表呀！怎么才能知道大家都找出了哪些可以制造出泡泡的东西呢？没关系，我们请小小统计员来告诉我们答案吧！（如图2-1-3所示）

图2-1-3

孩子们统计出了五样得票率最高的物品：洗衣粉、洗洁精、肥皂、可乐、泡泡糖。它们真的能制造出泡泡吗？孩子们开始了验证。

洗衣粉泡泡水可以吹出好多的泡泡。

洗洁精泡泡水真的可以吹出泡泡哦。

肥皂泡泡水也可以吹出泡泡哦。

可乐不能吹出泡泡，但是剧烈晃动可乐后会有气泡喷出。

泡泡糖真的可以吹出大大的泡泡。

（2）能吹出泡泡的动物有哪些？

大自然非常神奇，除了小朋友用工具吹出泡泡外，还有哪些动物能吹出泡泡呢？小朋友们带着问题，在超市、市场、家、故事书、网络中找到了答案。

"我们在超市和市场里找到了螃蟹和鱼可以吹出泡泡。"（如图2-1-4所示）

"我家里的金鱼也能吹泡泡。"（如图2-1-5所示）

图2-1-4　　　　　　　　　　　　图2-1-5

"故事《小螃蟹找工作》里的小螃蟹是会吹泡泡的。"（如图2-1-6所示）

"我们在科学区的iPad上看到鲸鱼、海豚、乌龟都能吹出泡泡。"（如图2-1-7所示）

图2-1-6　　　　　　　　　　　　图2-1-7

2.探究二：奇幻第二站，泡泡变变变

做完上面的实验后，孩子们对于泡泡又有了新的问题。

"泡泡水是怎么制作出来的呢？"

"为什么我们制作出来的泡泡一下就破了，怎样能让泡泡慢点消失呢？"

既然大家有这么多的问题，我们就请来了一名化学老师——小赫小朋友的爸爸，用专业知识为孩子们解答关于泡泡的问题。

（1）四种方法制作泡泡水。怎样才能做出像买的泡泡水一样，吹得又大又

不容易破的泡泡水呢？我们一起跟着小赫爸爸试试下面四种配方吧！（如图2-1-8所示）

图2-1-8

① 胶水1杯+清水4杯+洗洁精2杯+洗发水2杯。

② 洗洁精2杯+清水6杯+甘油2杯。

③ 洗洁精2杯+茶叶水4杯+白糖2勺。

④ 洗洁精2杯+清水4杯+白糖2勺。

孩子们用小赫爸爸的配方制作出了许多的泡泡水。他们还发现了一个小秘密：原来泡泡的大小和吹泡泡的力量有关，轻轻地吹可以吹出大泡泡，用力地吹只能吹出小泡泡。

（2）泡泡的科学小实验《多层泡泡塔》（如图2-1-9所示）

什么是多层泡泡塔呢？原来呀，是大泡泡里面有个中泡泡，中泡泡里面有个小泡泡，非常可爱有趣。那到底是怎么做出这样的泡泡来呢？我们将小赫爸爸制作出的泡泡水倒一些在桌面上，在桌面上吹出一个泡泡来，再将蘸了泡泡液的吸管插入到大泡泡当中，吹出一个个小的泡泡，我们的多层泡泡塔就制作成功了！

图2-1-9

我们用小赫爸爸特制的泡泡液，吹出了最不容易破的泡泡，又因为泡泡的表面有股很强的力，所以我们才可以从大泡泡里面吹出小泡泡，在吹出小泡泡

的同时，依然能保证外层大泡泡的完整。

原来稀硫酸与锌粒反应能产生氢气，加入几滴硫酸铜溶液的目的是加快反应速度，因为氢气是一种密度比空气小的气体，导管蘸了泡泡水后，氢气就能吹出很轻的气泡，并往上飘。

（3）多种工具吹泡泡。除了用吸管吹泡泡，还能用什么吹出泡泡呢？孩子们从家里带来了他们认为能吹出泡泡的工具，他们分成了"球拍队""过滤网队""漏勺队""梳子队""牙刷队"。

原来这些都能吹出泡泡，孩子们发现了这些工具都是有洞洞、镂空的材料，所以它们都能吹出泡泡。（如图2-1-10、图2-1-11所示）

图2-1-10

图2-1-11

（4）多种形状的工具吹泡泡。

这些是孩子们用聪明棒制作出来的泡泡棒，有三角形、正方形、圆形、五边形。用这些不同形状的工具是不是就能吹出不同形状的泡泡呢？

有一个秘密被孩子们发现了，虽然吹泡泡的工具形状不同，可是吹出来的泡泡都是圆形的！（如图2-1-12所示）

（5）动手制作泡泡棒。

泡泡棒虽然简单，但是也有很大的创意空间，孩子们一起用扭扭棒制作了很多漂亮的泡泡棒，并且用自己DIY的泡泡棒去吹泡泡了！（如图2-1-13所示）

图2-1-12　　　　　　　　　　　　图2-1-13

（6）七彩泡泡秀。大的泡泡能有多大呢？小的又有多小呢？真的可以制造出一个巨型泡泡将小朋友包裹住吗？我们一起用道具试试吧！（如图2-1-14所示）

图2-1-14

泡泡彩虹桥将小朋友包裹起来，还有大型的泡泡龙、烟雾泡泡……

孩子们置身于奇妙的泡泡世界，这会是他们童年最美好的回忆。

3. 探究三：奇幻第三站，泡泡秀一秀

（1）泡泡画。泡泡每次吹过之后就会消失，如果能留住泡泡五颜六色的影

子，那该有多么惊喜呀！孩子们用加了颜料的泡泡水，再加上自己的创意，将泡泡变成了我们意想不到的画作。（如图2-1-15所示）

图2-1-15

（2）气泡袋大变身。每次拆完包裹，保护快递的气泡袋总是被大家丢掉。这次，老师和孩子们对收集的气泡袋进行了创意改造，除了可以变成美味的菠萝，还可以变成什么呢？（如图2-1-16所示）

图2-1-16

六、活动完成感悟

泡泡秀活动在孩子们的笑声中结束了。孩子们在与泡泡的亲密接触中，从玩泡泡、寻找泡泡、制作泡泡、画泡泡中感受到了快乐，在轻松有趣的氛围中，参与探索关于泡泡的奥秘，快乐、喜悦、好奇、求知伴随着他们。在整个活动中，教师和孩子共同成长，对课程也有了新的感悟。

（1）以兴趣为本开展活动。如何让孩子主动参与到活动中呢？首先要让他们对活动形式感兴趣。本次活动中的泡泡是孩子们喜闻乐见的事物，以他们感兴趣的泡泡作为活动主题，通过玩泡泡、寻找泡泡、制作泡泡、画泡泡等一系列活动，观察、发现泡泡的奥秘，调动了孩子们探究的热情，让他们在愉快的环境中学到知识。

（2）教师以支持者、合作者、引导者的角色，促进幼儿游戏的进行。整个活动中，教师以同伴的身份参与其中，与孩子们有效地互动，自然生成预期的主题；为孩子们提供适合的活动材料，保证活动顺利地进行。通过开放性的问题，与孩子们有效互动，把他们的探索兴趣引向主题的深入方向。

（3）充分利用各种教育资源。如何配置最优配方的泡泡水？如何向孩子解释泡泡怎样能飞得更高呢？作为幼儿教师的我们还不是很专业，但是作为高中化学老师的小郝爸爸就可以帮助我们。《幼儿园教育指导纲要（试行）》中指出：（"幼儿园应与家庭、社区密切配合，综合利用各种教育资源，共同为幼儿的发展创造良好的条件。"）通过小郝爸爸的实验，孩子们从动手操作中了解了专业的知识，培养了他们良好的科学素养。在与教师共同探索新知的过程中，孩子们的好奇心及探究问题、发现问题、解决问题的能力都得到了发展，并体验到了合作和探索的快乐。

奇幻泡泡秀的主题活动结束了，孩子们通过活动的开展，在玩中学、在学中玩，乐中有收获。我们教师也在活动中进行了深刻的思考：如何才能及时捕捉到教育的主题？这需要我们从孩子的兴趣出发，要熟悉孩子的发展水平。开展活动时，我们还要对活动做好预设，并为孩子们准备丰富的活动材料，为他们提供及时的帮助，等等。在未来的日子里，我们会努力地提高自己，成为孩子可信赖的支持者、合作者和引导者。

（本案例由中五班黄慧老师提供，文中姓名均为化名）

台风大探索

一、活动兴趣来源

2018年9月16日，从广东登陆的"山竹"台风，使广东省普遍出现10—12级大风，给当地的生产、生活造成了很多不便，同时给我们幼儿园也带来了一定的影响。例如，孩子们在日常的饭后散步中通过身体感知以及看见很多叶子掉落，发现了刮大风这一现象，并展开了他们的对话。

小玥："老师，今天的风真大啊，看树叶都吹落下来了！"

小桐："还有被风吹落的蜻蜓呢！"

七七："是啊，晚上和妈妈一起看新闻，妈妈告诉我，有个名字叫'山竹'的台风从广州登陆了，并且影响到我们这里。听说'山竹'台风可厉害了，把大树和房屋都吹倒了。"

从孩子们的对话中可以感受到他们对台风的关注与好奇，于是笔者带着孩子们一起观看了有关台风"山竹"造成灾害的视频。

孩子们在观看视频时，不时地发出惊叹："啊，玻璃全碎了！""树倒了，树倒了！"伴随着孩子们的惊呼声，他们感受到了台风强大的破坏力，并对台风产生了浓厚的兴趣。台风到底是怎样形成的？台风来了应该怎么办？风还有哪些奥秘？一场关于台风的大探索就这样开启了！

二、活动前期思考

风是一种常见的自然现象，孩子们每天都能感受到，但很少会关注它。由孩子们对台风新闻的关注以及台风吹落树叶等现象引发了孩子们探究台风的兴趣和愿望，我们觉得这是生成此次活动的良好契机。在活动推进中，需要思考以下几点。

1. 把握台风探索对幼儿发展的价值

在探究、了解风的奥秘过程中，不仅能够激发幼儿对周围事物的兴趣，同时能够使幼儿了解人们的生活与自然环境的密切关系，知道尊重和珍惜生命，培养幼儿对大自然的敬畏之心，同时通过了解在台风中"逆风而行"保护我们的人，促使孩子们萌生感恩之心。

2. 教师要有科学引导幼儿深入探究的方法

台风大探索的目的不是学习多少知识技能，而是引导幼儿运用科学工具和方法去实践，从中发现问题、解决问题，并在观察探究中得出自己的认知结论。作为老师，我们要给予幼儿尊重、支持，适时搭建支架，促进幼儿深度学习。

三、活动研究目标

（1）初步了解台风的危害。

（2）能够在台风发生时学会自我保护并感恩在台风来临时保护我们的人。

（3）能够在游戏中发现风的奥秘和作用。

（4）感受有关风的小游戏带来的乐趣。

四、活动思维导图

台风大探索
- 1. 我眼中的台风
- 2. 台风的形成（台风到底是怎样形成的呢）
- 3. 台风大调查（台风到底会给人类带来哪些危害呢？台风来临时我们又该如何保护自己呢？台风来临时还有一群可爱的人逆风而行，一点也不畏惧台风，他们是谁呢）
- 4. 风力的奥秘（台风的风力到底有多大呢）
- 5. 感受身边的风力（我们生活中每天的风力有多大呢）
- 6. 好玩的风
  - ①我会制造风（生活中的哪些材料可以制造出风呢？风力的大小和什么有关呢）
  - ②风车转转转
  - ③超人快跑（如何能够让报纸贴在胸前不掉下来呢）
- 7. 风的作用（生活中的风对我们有什么帮助呢）

五、活动探究

1. 探究一：我眼中的台风

看过台风的视频，孩子们眼中的台风会是怎样的呢？他们用五彩的画笔画下了自己眼中的台风。

小源："台风把彩色的鸡蛋吹到沙滩上，山坡上有一个人也被吹进了台风的旋涡里。"

小绚："台风像怪兽一样有张大嘴巴，把各种各样的东西都吃进了肚子里。"

小溪："我眼中的台风是风云山形成的，它吹走了小花，还吹倒了房子。"

小轩："台风把树叶、花朵吹落，还把撑伞的小女孩吹得飞上了天空呢！"

小辰："台风来了会有乌云，会下大雨，会起大风，但是我的大树很顽强，没有被风吹倒。"

2. 探究二：台风的形成

孩子们用画笔画下了自己眼中的台风，并想象了台风的形成，那台风到底是怎样形成的呢？让我们一起去寻找台风形成的奥秘吧！

通过观看视频，孩子们知道了原来台风是这样形成的：

（1）台风大都产生于热带海洋的表面。由于太阳强烈照射，某个区域的海水温度拼命升高，大量海水蒸发。（如图2-2-1所示）

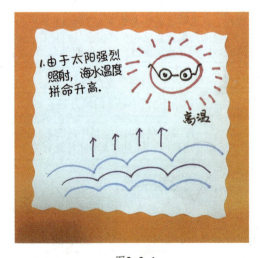

图2-2-1

（2）温度升高到一定值，就会形成上升气流。（如图2-2-2所示）

图2-2-2

（3）接着其他海域的空气会来补充。（如图2-2-3所示）

图2-2-3

（4）持续高温下，气温一直上升，其他地方的空气不断补充。（如图2-2-4所示）

图2-2-4

（5）加上地球自身的转动，使流入的空气旋转起来，旋转速度非常快，就
形成了台风。（如图2-2-5所示）

图2-2-5

3. 探究三：台风大调查

（1）台风的危害。台风到底会给人类带来哪些危害呢？台风来临时又该如
何保护自己呢？看，孩子们和爸爸妈妈一起来了个台风大调查。

通过调查发现，台风发生时会有很多危害：①毁坏房屋；②破坏植被，影响生态环境；③台风在形成过程中积累的大量海水会形成暴雨，淹没道路，引发山体滑坡。

（2）台风发生时学会自我保护很重要：①关好门窗，减少外出；②窗户贴上胶带，防止碎裂；③准备好充足的食物和水，实时关注台风预警；④搬移易坠落的物体。（如图2-2-6、图2-2-7所示）

图2-2-6   图2-2-7

（3）可爱的人。台风天，树会倒，栅栏会跑，但风雨再大，总有一群可爱的人一点也不害怕，他们是谁呢？一段视频《逆风而行》告诉孩子们！

原来这一群可爱的人是医生、交警、抢修人员、记者、战士等。他们逆行在狂风暴雨中，只希望受台风伤害的人都能安全！其实除了在自然灾害面前之外，这些可爱的人每天都奔赴在其他灾害的最前线，给我们营造了一个安全温馨的生活环境。

孩子们用稚嫩的双手制作了精美的感谢卡，他们要将最美的卡片送给最可爱的人。（如图2-2-8所示）

图2-2-8

4. 探究四：风力的奥秘

台风为什么会有这么大的威力呢？原来是和风力有关。台风的风力到底有
多大呢？带着孩子们一起去风力等级图中寻找答案吧！（如图2-2-9所示）

图2-2-9

通过风力等级图，孩子们知道风力一共有18个等级（0~17），当风力达到6级时就能形成台风了。

5. 探究五：感受身边的风力

生活中每天的风力有多大呢？孩子们通过听一听、看一看、画一画，观察记录下每天的风力以及与风力相关的现象和自己的感受，填写风力调查表，孩子们感受到风就在自己身边。（如图2-2-10所示）

图2-2-10

6. 探究六：好玩的风

原来台风有这么多奥秘，其实风力比较小时，我们可以利用风力玩很多有趣的小游戏呢！

【我会制造风】

材料准备：塑料瓶、扇子、气球、书、白纸。（如图2-2-11所示）

图2-2-11

这么多材料怎么制造风呢？哪些材料可以制造出风呢？看，孩子们用记录表记录下来了呢！（如图2-2-12所示）

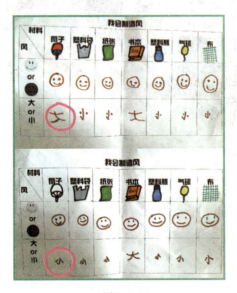

图2-2-12

制造风可真有趣，可同样是扇子，为什么制造出来的风力的大小不一样呢？（如图2-2-13所示）

图2-2-13

原来风力的大小和力量有关系。扇扇子的力气小，风力就小；扇扇子的力气大，风力就大。

【风车转转转】

和风的快乐游戏怎么能少得了五彩的大风车呢？快来和孩子们一起制作大风车吧！（如图2-2-14所示）

图2-2-14

世界，你好啊！

【超人快跑】

简单的报纸也可以开启和风的快乐游戏哦！如何才能够让报纸贴在胸前不掉下来呢？（如图2-2-15所示）

图2-2-15

原来只要保持快速向前跑，风力就会使报纸紧紧贴在胸前不会掉下来哟！（如图2-2-16所示）

图2-2-16

7. 探究七：风的作用

除了利用风力玩很多有趣的游戏，生活中风对人们的帮助也很大哦！

（1）风能传播植物花粉、种子，帮助植物授粉和繁殖。

（2）风能够发电，而且是很好的清洁能源。

（3）风能把云雨送到遥远的地方，使地球上的水循环得以完成。

（4）炎热的夏天，风能给我们带来凉爽。

风还会吹散乌云，给人们带来阳光。当乌云挡住了太阳，是风把它们驱走，让阳光重新洒满大地。愿孩子们的生活因探索而快乐，因探索而变得丰富多彩！

六、活动完成感悟

（1）本次活动的内容贴近实际，很好地抓住了"台风"这一教育契机。

（2）活动既注重了知识经验的获得，也注重了幼儿品德的养成。本次活动让幼儿在获得台风的危害、台风发生时自我保护的方法及风的作用等相关知识的同时，也学会了感恩，感恩那些默默守护在我们身边的人。活动注重幼儿品德的养成，体现了教育的全面性。

（3）对风的探索源于生活，又回归生活。通过了解风在生活中的运用，幼儿能体验到风这一自然现象与我们的生活息息相关。活动中"好玩的风"的游戏，使本次活动更为丰富和有趣，激发幼儿在活动中去尝试、去体验、去发现、去收获！

（本案例由大一班胡婷老师提供，文中姓名均为化名）

我和影子的奇妙之旅

一、活动兴趣来源

夏日的晴空是明媚的，天是湛蓝深远的，阳光是那样强烈地洒在操场上，泛起万点金光，像一颗颗晶莹的小星星，顽皮地向人们眨着眼睛。

阳光越来越明亮，它照在树上，有树的影子；照在房子上，有房子的影子；照在滑梯上，有滑梯的影子……光、影，看得见、摸不着，五光十色，真实地构成了我们眼前的世界。

初夏的午后，孩子们在操场上嬉戏玩耍，追逐自己的影子，踩自己的影子，踩同伴的影子，沉浸在寻找影子的快乐中。

图2-3-1

小赫："老师，你看，这是我的影子。"

小骏："哎呀，你干吗踩我的影子，我也要踩你的影子。"喊着喊着，孩子们开始奔跑、追逐。（如图2-3-1所示）

二、活动前期思考

"老师，我们为什么会有影子呢？"

"我们的影子为什么会有变化？"

"怎样记录和捕捉我们的影子？"

"影子是如何产生的？"

　　光影的微妙变化里隐藏着许多不可言说的秘密，使画家、摄影师们流连忘返。而孩子作为天生的艺术家，对光影更是有着特别的兴趣。好奇、好问、好探索的天性让他们通过游戏对影子进行一层一层的剖析。

　　根据幼儿与大自然的产物"影子"互动的现状，有目的地对影子现象进行猜测、探索。这是拓展幼儿探索大自然的神秘现象，丰富幼儿想象，推进户外活动、区域游戏的一个重要策略。

三、活动研究目标

（1）通过大调查，找寻影子的来源，知道影子是如何产生的。

（2）能够通过游戏了解影子与光源的关系。

（3）乐意玩影子游戏，喜欢探索大自然的奥秘。

四、活动思维导图

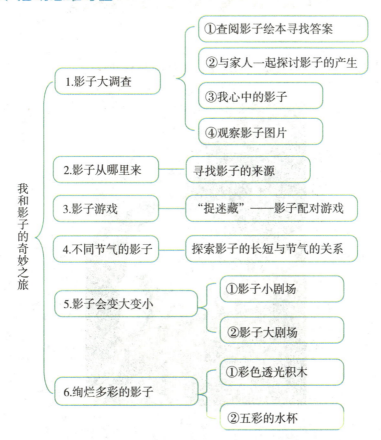

五、活动探究

1. 探究一：影子大调查

（1）查阅影子绘本寻找答案。（如图2-3-2所示）

图2-3-2

（2）与家人一起探讨影子的产生。（如图2-3-3所示）

图2-3-3

（3）我心中的影子。孩子们对影子有千万种想法，他们用神奇的画笔画出了一幅幅美丽的图画。（如图2-3-4所示）

图2-3-4

（4）观察影子图片。让我们用闪亮的眼睛来观察吧！（如图2-3-5所示）

图2-3-5

在几天的时间里，孩子们通过观看绘本及听影子故事、看影子图片、玩影子游戏等方式调查影子。通过孩子们的调查表，笔者发现孩子们近期最喜欢的就是影子游戏，那就让孩子们带着浓浓的兴趣继续玩更多的影子游戏吧！（如图2-3-6、图2-3-7所示）

图2-3-6　　　　　　　　　　　　　　　图2-3-7

　　活动感想：兴趣是幼儿最好的老师，在生活中，孩子们发现了感兴趣的事物和相关的问题，带着这样的好奇，通过调查表自己去寻找问题的答案。主动探究是本次活动的重要学习手段，幼儿就是学习的主体。

　　2. 探究二：影子从哪里来

　　"躲猫猫，躲猫猫，数到三，不能跑。一、二、三！哈哈哈，看见影子了，你根本躲不了！不管去哪里，我的影子总是跟着我。当然，不只是我有影子，小伙伴、足球、椅子……大家都有自己的影子。无论何时何地，影子都紧紧地跟在我们身后。"（如图2-3-8所示）

图2-3-8

难道就没有办法把影子甩掉吗？不过，即使甩不掉影子，也有办法让它消失一会儿，比如躲在更大的影子里——因为光被遮住了，影子就会暂时消失。

可是，只要被阳光照射到，影子就会出现。我们的影子就是因自己的身体遮挡了光线而产生的。

活动感想：*直观感受科学现象，让孩子亲身体验影子产生的原因，观察影子随着光照而变化，这种学习模式让幼儿在发现中获得知识。教师追随幼儿的脚步，陪着幼儿一起去寻找与发现，幼儿是学习的主人。*

3. 探究三：影子游戏——捉迷藏

有很多很多的小动物来到了草地上，它们都是谁呢？让我们通过小动物的影子来猜动物，进行影子匹配吧。（如图2-3-9所示）

图2-3-9

草丛中的小动物产生了不同的影子，孩子们不断地追寻它们的身影。在有趣的游戏中，孩子们又发现了影子的一个秘密——原来不同的遮挡物，在光的照射下会产生不同的影子。

这一次影子又会给我们什么惊喜呢？

活动感想：*游戏是幼儿的天性，陈鹤琴先生说过："小孩子生来好动，是以游戏为生命的。"所以，在这个探究活动中，幼儿兴趣浓厚，很好地推动了下一步探究活动的开展。*

4. 探究四：不同节气的影子

从立夏当天开始到夏至，孩子们在每个阳光灿烂的午后，都带着木棒、尺

子、记号笔、记录表，观察影子的长短变化。（如图2-3-10所示）

图2-3-10

早晨与正午时刻，孩子们人手一根木棒，在操场相应的位置观察木棒的影子变化，填好记录表。（如图2-3-11所示）

图2-3-11

北半球夏至日是6月22日，这时太阳直射北回归线，北回归线及其以北地区正午太阳高度角达到一年中的最大值，南半球达到一年中的最小值。日影长度和太阳高度角成反比，所以，夏至日北回归线以北的地方日影是一年中最短的时候。

活动感想：科学探究活动需要科学小实验来证实，利用测量工具测量影子的变化，幼儿自主探究后，科学原理知识轻松获得。

5. 探究五：影子会变大变小

说到光影玩具，怎么能忽略影子小剧场呢？一个鞋盒，一张半透明白纸，再加上几个剪纸人物，就可以在阳光下演皮影戏啦！

咦，小狮子怎么可以忽大忽小呢？（如图2-3-12所示）

图2-3-12

小羊登场了，灯光离它好远好远，它投射出来的影子好小好小哇！

小企鹅登场了，灯光离它好近好近，它投射出来的影子超级大耶！

在小剧场里，我们发现影子随着灯光远近的距离发生了变化！孩子们还是有点迷惑，那我们一起来皮影大剧场探探究竟吧！

孩子们在自己制作的小皮影剧场中发现了影子大小的不同，对影子的好奇产生了二次探讨。这不由得让我们进入了皮影大剧场，在通过反复的游戏、实验、操作，变换光源与遮挡物（道具）的距离时，我们发现物体影子的大小与物体和光源之间的距离有关：遮挡物与光源越近，影子越大；遮挡物与光源越远，影子越小。（如图2-3-13、图2-3-14所示）

图2-3-13　　　　　　　　　　　　图2-3-14

活动感想： 趣味游戏把幼儿探究的兴趣推向了高潮。影子原理在生活中的运用非常多，而幼儿又对哪些现象比较感兴趣呢？好玩的皮影游戏让孩子们看到了影子的本领，相信这个游戏的呈现一定可以给孩子们更多启发。一次次探索后，孩子们必将收获更多。

6. 探究六：绚烂多彩的影子

（1）彩色透光积木。彩色透光积木真是太美了！彩虹一样的颜色，还能产生奇妙的彩光效果。孩子们不仅喜欢彩色积木，还为它的影子着迷。（如图2-3-15所示）

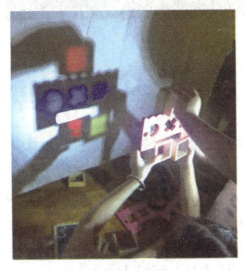

图2-3-15

（2）五彩的水杯。彩色透明塑料杯也是极好的光影玩具。用杯子垒一座宝塔吧！不同颜色的水杯注满水，放在灯光下照射，呈现出五彩斑斓的景色。

哇，我们的灯光照出了五彩的杯子城堡。（如图2-3-16所示）

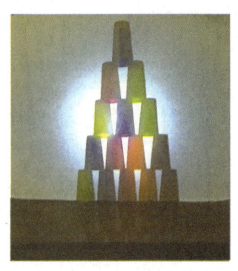

图2-3-16

活动感想：在前期的探究中，孩子们看到的都是黑色的影子，彩色的影子是光发生的另一种奇妙的现象。巧妙运用各种材质，产生不一样的影子效果，这个探究活动，让幼儿又一次获得了新知。探究的过程就是一次次发现，一次次获得新知的过程。

六、活动完成感悟

当孩子们第一次提出关于影子的问题时，笔者便知道这是一段有故事的旅程，不仅是因为影子自身的现象让人着迷，也是孩子好奇、好问、好探索的天性促使他们通过游戏一层一层地进行剖析。所以，影子在中五班的孩子们心中不再是有没有存在的问题，更多的是影子随着光的变化而变化，产生更多奇妙现象的问题。

中班孩子的有意注意逐步发展，呈现出无意注意向有意注意转化的趋势，他们的观察是随自身的兴趣产生或结束的。中班幼儿由于见识不多，对事物的理解有限，因此观察过程十分依赖成人，得出结论也脱离不了成人的帮助。另

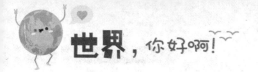

外，想象是孩子的一种创造性表现，中班幼儿的想象常常是在游戏、制作、观察活动中有所发现而产生的奇思妙想。根据以上特点，我们在引导孩子学习时应当选用有动感、色彩明艳、能吸引幼儿目光的教具以及生动有趣的语言和表情，采用故事或游戏的形式，寓教于乐，使孩子集中注意力，并且要注意多采用正面教育，促进孩子有意注意的发展。

（本案例由中五班叶若男老师提供，文中姓名均为化名）

有趣的管子

一、活动兴趣来源

孩子们对多姿多彩的世界充满了好奇，对身边有趣的事情总要问个究竟。瞧！今天他们在洗手间又讨论开了。

小吉："马桶里的便便到哪里去了？它怎么会不见了呢？"

鸣鸣："我听到了墙上有哗啦啦的流水声，这是咋回事呢？"

朵朵："我发现洗手的水都从小洞洞里流走了，这洞洞里有什么呀？"

……

看到他们七嘴八舌地讨论，老师说是管子把它们运送到指定的地方了。

"管子长什么样呢？它藏在哪里呢？"

"管子有多大呀？它是怎么运东西的呢？"

……

带着好奇心，老师带领孩子们进行了一场奇妙的管子探索之旅……

二、活动前期思考

管子是生活中随处可见的一种材料，而且用途很广泛，主要用在供水、供热、供气等各种工程装置中。为了使孩子们获得更多的经验，我们开展了"有趣的管子"主题活动，老师们发挥家长资源的优势，帮助幼儿一起调查生活中的管子，让幼儿积累了相关的知识经验。而后我们为孩子们准备了各种各样的管子，围绕这种结构材料开展了一系列活动，而在这一系列活动中，教师始终要把握以下两个方向。

1."结构性"是材料的外在重要特征之一

材料的结构性主要是指材料使用方法的规定性，材料的结构性程度即教

师对材料使用方法的规定性程度。从结构性角度而言，主要有"高结构、低结构"两种材料类型。那么，在自主性游戏中，怎样的材料结构才能更好地激发幼儿的兴趣并使幼儿获得发展呢？

2. 教师始终是孩子游戏的支持者和游戏伙伴

在"有趣的管子"的游戏中，教师始终以游戏支持者和游戏伙伴的身份发挥着作用，不断拓宽幼儿的游戏思路，而幼儿则始终是自由的、自主的，通过直接感知、实际操作和亲身体验积累了经验，提高了能力，获得了愉快的体验。

三、活动研究目标

（1）能细心观察生活中各种各样的管子的特征，初步了解人们生活与管子的密切关系，知道管子在生活中的运用。

（2）能主动、积极地收集有关管子的各种信息并尝试进行记录，大胆表达自己的见解。

（3）乐意大胆探索管子的不同玩法，并根据管子的特性，组合运用，提升想象力和创造力，尝试创新活动。

四、活动思维导图

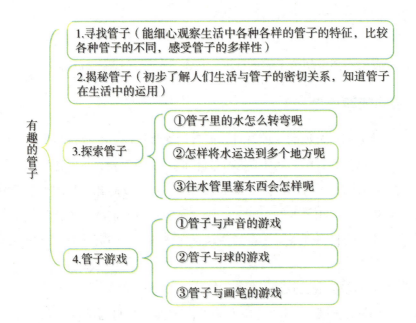

五、活动探究

1. 探究一：寻找管子

快来和孩子们一起找一找，管子藏在哪里呢？（如图2-4-1、图2-4-2所示）

图2-4-1

图2-4-2

瞧！孩子们多厉害，虽然管子藏得很隐秘，但还是被他们发现了。在幼儿园的活动室里、喷泉中、外墙壁上、下水道里和操场上，孩子们找到了各种各样的管子！回到家里，孩子们也发现了很多管子。（如图2-4-3、图2-4-4所示）

图2-4-3

图2-4-4

管子真是无处不在。在探索中孩子们发现，原来细细长长、两头和中间都空空的就是管子。

2. 探究二：揭秘管子

生活中有这么多管子，它们都长得一样吗？它们都有什么用呢？孩子们展开了激烈的讨论。

小辰："喝奶的吸管是塑料管，细细长长的哦！"

小宇："打气筒上的管子是软软的，它可以拉长，还可以缩短。"

小鸿："我家汽车的排气管是铁的，好硬好硬哦！"

小阳："我在我爸爸的工地看过用水泥做的混凝土管子，好粗好粗哇！"

……

我们的结论：原来管子有粗有细、有硬有软、有长有短、有直有弯、有圆有方；根据材质分类，有塑料管、钢管、玻璃管和水泥管等。

孩子们还发现管子的用途可大呢！

小珀："我们用的天然气就是通过管子送到每个人家里的。"

小润："我妈妈说雨水是通过下水道里的管子流到江河里去的。"（如图2-4-5所示）

小依："我去医院打针时医生用针管把药打进了我的身体里。"

图2-4-5

我们的结论：原来管子可以用来输送水、气等，给我们的生活带来了很多便利。

3. 探究三：探索管子

咦！管子是怎样将水输送到大家需要的地方的呢？快来看看我们做的小实验吧！（如图2-4-6所示）

图2-4-6

水流出来了，孩子们成功啦！他们觉得真是太神奇了！

在探索中，孩子们脑袋里有着十万个为什么，我们一起去看看吧！

【问题一】管子里的水怎么转弯呢？

① 材料准备。（如图2-4-7所示）

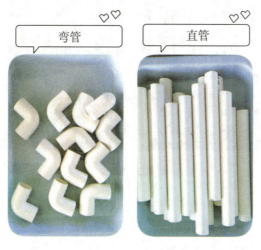

图2-4-7

②探索过程。（如图2-4-8所示）

图2-4-8

③我们的结论：原来用直管连着弯管就可以让管子里的水转弯！

【问题二】怎样将水运送到多个地方呢？

①材料准备。（如图2-4-9所示）

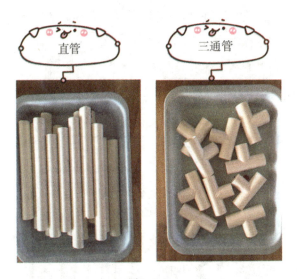

直管　　　三通管

图2-4-9

②探索过程。（如图2-4-10所示）

③我们的结论：原来直管和弯管只能把水送到一个地方，而加上三通管或四通管，就可以将水输送到多个地方！

图2-4-10

【问题三】往水管里塞东西会怎样呢?

① 材料准备。（如图2-4-11所示）

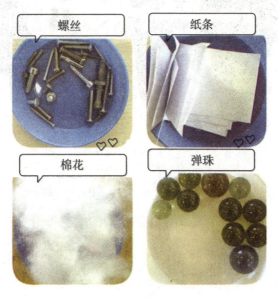

螺丝　　　纸条

棉花　　　弹珠

图2-4-11

②探索过程。

小吉："咦，水怎么越来越少了呀？"

小宸："弹珠现在滚不出来了呢！"

鸣鸣："棉花、纸条把管子堵住了。"

③我们的结论：原来水和气体比较容易通过管子，而有些物体在管子里容易造成堵塞，所以在生活中可不能随便往管子里扔东西！

孩子们在探索的过程中，笔者告诉他们，在生活中人们会使用各种过滤网防止管道被堵住！

4. 探究四：管子游戏

看！孩子们和管子做起了快乐的游戏。

（1）管子与声音的游戏。"喂喂喂！你是谁？你在哪里呀？"看看孩子们灿烂的笑容，就知道他们玩得很开心啦！（如图2-4-12所示）

图2-4-12

（2）管子与球的游戏。孩子们正在一步一步向前挪，哈哈！别看孩子们像蜗牛一样走得慢，那可是为了保护他们的球不掉出来哦！（如图2-4-13所示）

图2-4-13

（3）管子与画笔的游戏。小小毕加索们，把管子装饰得美美的。（如图2-4-14所示）

图2-4-14

管子真是太有趣了，孩子们真的是好喜欢它呀！当然还不止这些，我们的生活中有许多管子在运输不一样的东西，而且我们人类和动植物的身体里还有更加奇妙的管子。孩子们，让我们一起静心期待下一次神奇的探索之旅吧！

六、活动完成感悟

孩子们有着与生俱来的好奇心和探究欲，正是他们对管子的浓厚兴趣得以生成了此次科学探究活动，让孩子们平时接触很少的管子进入他们的课堂，成为他们探索科学奥秘的工具。孩子们在实际操作中发现了管子运输的奥秘，同伴之间的交流与分享也是获得经验的有效方法。

游戏材料不仅能丰富幼儿游戏的内容和形式，还能有效激发幼儿的游戏动机和游戏构思，引起幼儿的游戏联想和游戏行为。为了激发幼儿与材料积极互动，从而获得自主体验和经验的提升，教师需要在投放材料时客观地观察幼儿游戏，较为准确地去判断、把握幼儿现有的经验和发展需求。我们在组织幼儿进行"有趣的管子"的游戏时，跟随幼儿的兴趣，基于幼儿的游戏经验和需求调整材料，继续支撑孩子们对管子的探究欲望，自然而然地学习关于管子在生活中的运用及知识，让他们通过感知、体验、操作活动来认识管子。在游戏过程中，教师作为观察者，要适时引导幼儿经历从探究到发现的过程，从而喜欢探索、爱上探索！

（本案例由中一班占火红老师提供，文中姓名均为化名）

乐在其中——探秘蚂蚁王国

一、活动兴趣来源

到公园踏青时，班上的小朋友发现在树旁有一群黑压压的小蚂蚁正排着长长的队伍。这一下就吸引住了他们，他们好奇地观看着，开始议论起来："蚂蚁怎么这么黑呀？""蚂蚁怎么还会排队呀？""它们在干什么呀？"

孩子们三五成群地观看着蚂蚁，有的动手去捉蚂蚁，把它放在自己手上，有的还拿出自己的零食放在树旁去吸引蚂蚁。

看到孩子们对蚂蚁表现出的好奇，笔者决定从孩子们的学习兴趣和思维方式出发，与他们一起开始一场有趣的蚂蚁王国探秘之旅。

二、活动前期思考

春天到了，万物复苏，蚂蚁作为一种昆虫，吸引了孩子们的目光。蚂蚁的世界充满了生机，充满了趣味，大自然中随处可见蚂蚁的身影，草丛边、墙角边、树坑边……面对这一切，我们成人可能会不屑一顾，但孩子们却欢呼雀跃，用充满好奇的眼光去观察，用充满灵性的耳朵去聆听，还会迈开活泼好动的小脚去追逐，小蚂蚁的出现引发了孩子们的好奇心，触发了孩子们的探索欲望。

由孩子们的兴趣出发，笔者觉得这是生成课程的良好契机。考虑到小班孩子的年龄特点，在活动中主要关注以下两点。

1. 孩子独特的学习方式

小班孩子情感丰富，他们喜欢动物，仿佛与动物之间天生就有着一种必然的联系，千变万化的动物世界总是能够引起他们的注意，他们也总是对各种动物充满好奇心与探索欲望。通过丰富多彩的活动，采用由浅入深的方式，我们

与孩子一起获得有关蚂蚁的许多信息。

2. 抓住这一契机发展幼儿情感教育

小蚂蚁和人类一样都是过群体生活的，蚂蚁与蚂蚁之间合作搬粮食的小细节，非常容易引起孩子们的关注。我们引导幼儿在活动中了解蚂蚁的有趣之处，学习蚂蚁之间可贵的合作品质，积极关注蚂蚁生活，探索蚂蚁的奥秘，与蚂蚁成为朋友，经历愉快好玩的蚂蚁王国之旅！

三、活动研究目标

通过对孩子们的了解及对活动的前期思考制定出本次活动目标：

（1）喜欢阅读和蚂蚁相关的图书。通过观察、喂食、养殖蚂蚁的活动，从中了解有关蚂蚁的外形特征，了解蚂蚁触角的独特作用。

（2）开展"蚂蚁搬西瓜"的游戏活动，学习蚂蚁的合作精神等，锻炼肢体动作的灵活性和协调性。

（3）能用绘画或手工的形式表现蚂蚁，大胆表现蚂蚁王国的生活情境，加深并巩固对蚂蚁的情感和认知。

四、活动思维导图

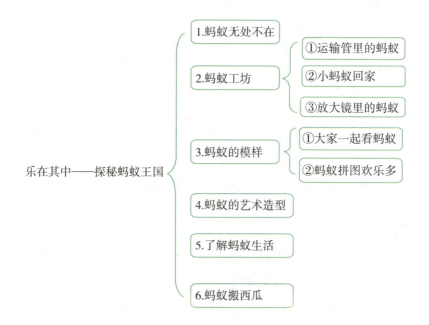

乐在其中——探秘蚂蚁王国
- 1.蚂蚁无处不在
- 2.蚂蚁工坊
  - ①运输管里的蚂蚁
  - ②小蚂蚁回家
  - ③放大镜里的蚂蚁
- 3.蚂蚁的模样
  - ①大家一起看蚂蚁
  - ②蚂蚁拼图欢乐多
- 4.蚂蚁的艺术造型
- 5.了解蚂蚁生活
- 6.蚂蚁搬西瓜

五、活动探究

1. 探究一：蚂蚁无处不在

自从上一次与孩子们去公园踏青游玩后，孩子们仿佛对周围环境里是否有小蚂蚁产生了极大的兴趣，到哪儿都在寻找小蚂蚁的身影，有时还会驻足观望半天，迟迟不肯离开……

小睿："老师，我在大树根底下看到了好多的蚂蚁！"

小然："我在楼梯上看到了好多蚂蚁。"

小然："老师，我在石子路上看到了蚂蚁，它正趴在树叶上呢。"

小昕："我还在小花里面看见了蚂蚁。"

小涵："我在马路两边的人行道上发现了蚂蚁，好多好多，还在爬！"

小来："老师，蚂蚁还出现在绿色的花花里！"

老师："原来你们在这么多地方看见过小蚂蚁，小蚂蚁可真是无处不在呀！那我们带着对蚂蚁的好奇一起去蚂蚁工坊探秘吧！"

通过这样的谈话，我们了解到孩子们在生活中对探索小蚂蚁产生了非常强烈的愿望，愿意观察蚂蚁，但仅仅是这样的粗略观察还不能满足幼儿的好奇心，为了给孩子们提供更好的观察条件，我们在班上的科学自然区制作了一个"蚂蚁工坊"。（如图2-5-1所示）

图2-5-1

2. 探究二：蚂蚁工坊

那么，蚂蚁工坊是什么呢？孩子们都向笔者提出疑问。笔者告诉他们，蚂蚁工坊就是小蚂蚁的家。孩子们又问："它们的家是什么样子的呢？"

于是老师指引他们一同去观察观察。

（1）运输管里的蚂蚁——等待回家。蚂蚁工坊被送到班上时，孩子们高兴极了，都纷纷去观察他们的新朋友——小蚂蚁。他们拿起黑乎乎的管子，嘴里还念叨着些什么。

小羽："蚂蚁怎么黑乎乎的？"

小哲："老师，我把管子竖起来，它们会立起来吗？"

小昕："小蚂蚁们怎么都团在一起呀，我好想摸摸它们，行吗？"

小中："老师你看，我把它们拿得好近的时候看到它们挤在一起好难受呀，我们把它们放出来好吗？"

孩子们像小天使一样善良，看见小蚂蚁们拥挤在密封的管子里，居然还为它们着急，想着快点放它们出来。看着他们那迫不及待并且期待小蚂蚁出来的小眼神，心里暖暖的，多么善良的小人儿呀！（如图2-5-2所示）

图2-5-2

（2）小蚂蚁回家——归巢。我们一起把运送小蚂蚁的管子放进蚂蚁工坊后，看！有的小蚂蚁从管子里一点一点地爬出来，我们一起观察这个过程。

我们等待了许久，只有小部分的小蚂蚁爬出来，还有好多小蚂蚁不肯出来，怎么办哪？

我们试试用食物吸引它们出来吧！

于是，我们准备了很多食物，有苹果、香蕉、西瓜、橘子、巧克力、饼干、糖果等，小蚂蚁喜欢吃什么呢？

孩子们依次进行实验——原来小蚂蚁最爱吃的食物是饼干哪！

大家把饼干放进工坊里，三四天后，小蚂蚁们纷纷出来了……

在观察小蚂蚁从管子里爬出来的过程中，我们还能够发现小蚂蚁爱吃的食物，原来小蚂蚁和我们人一样，也有对食物的偏爱呢！瞧，这样的探索多有趣啊！孩子们现在最喜欢猜测蚂蚁第一喜欢吃什么，第二喜欢吃什么，去大胆尝试引蚂蚁出洞的感觉！（如图2-5-3所示）

图2-5-3

（3）放大镜里的蚂蚁——近距离观察。小朋友们觉得用肉眼看小蚂蚁还不够，便拿出放大镜观察它们的行迹。（如图2-5-4所示）

图2-5-4

      观察蚂蚁工坊里的条条通道，工坊的路被小蚂蚁们修建得四通八达，有意思极了。瞧，我们的小蚂蚁都躲在工坊里，也许一会儿渴了还会上来喝水呢！（如图2-5-5所示）

图2-5-5

3. 探究三：蚂蚁的模样

（1）大家一起看蚂蚁。孩子们对蚂蚁的兴趣愈渐浓烈，一有空就对小蚂蚁的一切关怀备至，也常常和笔者分享他们所观察到的细节，比如：

小羽："老师，我看到小蚂蚁有好多的脚哇！"

小涵："蚂蚁头上长长的须须是什么呀？触角吗？"

小飞："蚂蚁有屁股吗？"

小瑜："老师，蚂蚁的肚子好大呀！"

看他们对小蚂蚁身体部位的探究兴趣如此浓厚，我们安排了一节集体教学活动，引导幼儿更加细致地了解小蚂蚁的模样以及身体各个部位。

由于蚂蚁比较小，有些细微之处孩子们用眼睛观察是看不清楚的，另外，孩子们正处于小班阶段，观察事物比较表面和片面，很难系统地联系起来，所以我们还是需要借助图片、模型等辅助材料帮助幼儿系统地建构知识的。（如图2-5-6所示）

图2-5-6

（2）蚂蚁拼图欢乐多。我们在区角里投放了小蚂蚁的拼图材料，为了遵循孩子们能力的个别差异化原则，我们准备的拼图材料有两种，一种是蚂蚁身体拼图，另一种是六宫格拼图，难易程度循序渐进。孩子们玩得十分开心，并且对小蚂蚁的身体部位更加了解了！（如图2-5-7、图2-5-8、图2-5-9、图2-5-10所示）

图2-5-7

图2-5-8

图2-5-9

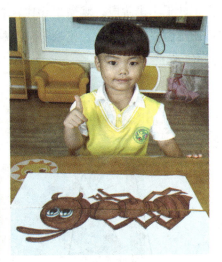

图2-5-10

　　自然的、身边的、熟悉的、生活中的事物是幼儿最感兴趣的。对此类事物的探究能激发幼儿亲近自然、喜欢探究的热情。对于小蚂蚁这样的自然生物，在探究与观察中了解蚂蚁身体结构的组成。在这样的活动中，我们不仅给予孩子精神上的支持，也提供了物质上的条件，帮助幼儿充分探究，较好地保护了他们的好奇心和探究兴趣。

4. 探究四：蚂蚁的艺术造型

　　艺术是幼儿感性地把握世界的一种方式，是幼儿表达对世界的认识的另一种语言。我们认识到幼儿的艺术活动是他们内在的生命活动，为实现以上价值，选择幼儿正在观察的小蚂蚁为艺术创造对象，尊重幼儿自发的、个性化的表现。

既然要让幼儿自由发挥，那么在选材上必须是孩子能够轻松运用、容易操作的材料。所以，老师为孩子们准备了蜡笔、彩纸、儿童剪刀、颜料、胶水、超轻黏土等材料。

"现在你们可以用这些美术材料来创作你们喜欢的小蚂蚁啦！"

教师话音刚落，就看见孩子们窸窸窣窣地活动起来，他们准备运用画笔和超轻黏土大显身手呢！（如图2-5-11所示）

图2-5-11

每个孩子都是艺术家，他们用自己最独特的眼光和最喜欢的方式创作了属于自己的小蚂蚁。在多样的艺术表现形式中，我们也看到了孩子们对小动物的热爱以及他们眼里的生活。

5. 探究五：了解蚂蚁生活

老师："小朋友们，如果我们还想更加了解蚂蚁的生活趣事，对蚂蚁再多些了解，我们还有什么好办法吗？"

孩子们纷纷思考问题，最后总结道："老师，我们可以一起阅读有关蚂蚁生活的绘本。"

于是，我们就在阅读区投放了新绘本：《蚂蚁的日记》《蚂蚁洞里的旅行》。（如图2-5-12、图2-5-13所示）

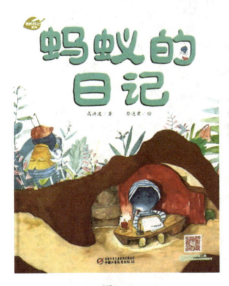

图2-5-12

图2-5-13

小朋友们在阅读绘本时，了解到小蚂蚁运送食物时的团结合作精神，学习了小蚂蚁都是蚁后生出来的，等等。体验到了阅读的乐趣，有的孩子还说想把绘本带回家给爸爸妈妈讲一讲这个绘本的故事，然后就有了小朋友们在家与爸爸妈妈阅读绘本的温馨画面！（如图2-5-14、图2-5-15所示）

图2-5-14

图2-5-15

6.探究六：蚂蚁搬西瓜

　　孩子们在阅读了绘本《蚂蚁和西瓜》以后，对小蚂蚁的世界有了更多的了解，看到了小蚂蚁们对搬运食物的分工合作，他们被小蚂蚁的团结合作精神深深感动，那么，这次就一起变身小蚂蚁来运西瓜吧！（如图2-5-16所示）

图2-5-16

【游戏规则】

将幼儿分成两组，每组都要合作运4个西瓜，哪一组能先把西瓜运进篓子里，哪一组的"小蚂蚁"就赢了！（如图2-5-17所示）

图2-5-17

我们开展小蚂蚁搬西瓜这样的体育游戏，旨在帮助孩子们养成合作精神，他们要向小蚂蚁学习，在搬运东西时，要与同伴协调良好，才可以搬得又快又好。我们班的小朋友一开始会出现西瓜掉在地上的状况，那是因为他们和同伴的协作并没有调整好，经过几次搬运后，他们能够在最短的时间内搬运好多西瓜。在活动中，孩子们分成两组，和竞技游戏一样，他们互相比赛，看谁搬运得又快又好，在游戏中习得了较好的团结合作经验。

六、活动完成感悟

有趣的蚂蚁王国探秘之旅就这样告一段落，然而生活中我们对大自然的探秘还在继续。一次意外的春游，让我们生成了这一系列的蚂蚁探秘活动，帮助孩子们在生活中建构有关小蚂蚁的探索经验；抓住教育契机，挖掘生活化教育的价值。

孩子们在观察、操作、感知与体验中亲身探索蚂蚁的奥秘，这样既保护他们的兴趣，也借此培养他们坚持不懈的探索精神。

（1）孩子们从对蚂蚁的好奇转移至观察生活中的小蚂蚁，我们借此引导他们学会观察身边的事物，提高对身边事物的感知力。

（2）孩子们在蚂蚁工坊的活动中，学会了通过实验去观察和探索，并且学会耐心地等待。从实验开始时，有的小蚂蚁不肯爬到蚂蚁工坊的管子中，直至小朋友们学会用食物引诱小蚂蚁出来，这都是一步步经验的增加，更是思考与耐心等待的过程。

（3）活动得到了家长的支持，家园共育取得了很好的效果。在阅读绘本环节，我们在幼儿园与孩子集体阅读，孩子回家与家长共享阅读时光，这期间不仅锻炼了孩子们的表达能力，更培养了他们喜爱阅读绘本的好习惯。

（4）欢乐的体育游戏，让孩子们感受到了合作的力量大。小蚂蚁合作的生活习性，正是孩子们需要学习的品质。

蚂蚁王国探秘之旅虽然告一段落，但是对生活的探秘还在继续，一次生成的活动，引发我们思考该如何更好地做好生命教育，一切立足于孩子的发展，将是我们作为教师永远思考的问题。有时候，成长不仅是孩子们的成长，也是教师的成长！

（本案例由小三班周玲、雷建萍老师提供，文中姓名均为化名）

快来看桥

一、活动兴趣来源

周一在区角活动时，建构区的孩子们兴致勃勃地搭起了"汽车游乐城"，小旭在"汽车游乐城"中间搭起了一座立交桥，这立交桥吸引了小朋友们的目光，于是孩子们你一言我一语地开始了激烈的讨论。教师便提出问题："除了立交桥，你们还见过什么样的桥呢？"孩子们的回答出乎老师的意料。奔奔说："我出去玩见过吊着的桥，摇摇晃晃的很好玩。"小馨说："我在杭州见过断桥，好有意思呢！"看到孩子们对桥这么感兴趣，教师便向孩子们抛出了问题，好奇的孩子们带着问题和记录表开始了探索桥的旅程。

二、活动前期思考

通过在区角活动时对桥的讨论，孩子们发现了一些问题并用绘画的方式记录了下来。例如："我见过弯弯的，像月亮一样的桥，它是月亮桥吗？"孩子们对桥兴致勃勃，课间总来询问关于桥的问题。根据孩子们对桥的兴趣和对桥这个话题的求知欲，我们认为孩子们的兴趣是生成项目课程的良好契机。桥是我们生活中随处可见的建筑物，还是有些孩子上学放学的必经之路，同时又是幼儿园对面重要的交通设施。正因为这样的材料是真正来源于孩子们的生活，所以孩子们有前期经验，在参与活动中，他们的注意力和思维也更为主动，从而以"我要学"的心态进入学习状态。在项目课程的推进中，我们需要思考以下几点。

1. 引导幼儿用探索的眼光看待事物，激发幼儿的探索欲

每个幼儿都是天生的科学家，他们生来就对整个世界充满了好奇，愿意提出问题。但由于幼儿年龄小，生活经验不足，自控能力较弱，容易受外界事物的影响，在探索事物的过程中，如果没有教师的支持可能就不了了之，所以在活动中我们应耐心地引导幼儿自主参与探究。幼儿除了好奇、好问、好探究以外，还是一个勇于行动的实践者，可是幼儿对物质世界的认识还是感性的，思维常常通过动作来进行，所以我们在活动中应做好选材的支持者、引导者。选择符合幼儿年龄特点的材料，支持幼儿在活动中更好地进行探索。受幼儿经验水平和思维特点所限，在探究解决问题的过程中需要通过多次尝试，经过很长时间的探索才能接近答案，所以我们应在幼儿即将放弃时，激发幼儿继续探索的欲望，成为幼儿的支持者、合作者和引导者。

2. 培养幼儿的合作能力

交往是人与人之间情感沟通的桥梁，是人与人之间思想传递的纽带，合作的前提是交往，交往过程中的愉悦程度直接影响幼儿合作能力的发展，因此在本次活动中，我们会营造出轻松、愉悦的氛围，更好地引导幼儿进行交流合作，让幼儿在活动中感受与同伴交流分享是一件多么有趣的事，激发幼儿尝试与人合作的欲望，从而大胆与同伴交流分享。

三、活动研究目标

（1）通过观察、记录、交流、合作的过程，了解不同种类的桥，尝试对桥进行分类。

（2）愿意和同伴交流合作并体验与同伴交流合作的乐趣，在活动中发现问题并尝试共同解决问题。

（3）尝试自己动手制作桥，体验动手制作的乐趣。

四、活动思维导图

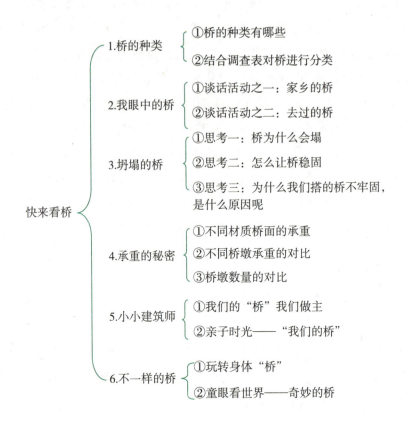

快来看桥

1.桥的种类
- ①桥的种类有哪些
- ②结合调查表对桥进行分类

2.我眼中的桥
- ①谈话活动之一：家乡的桥
- ②谈话活动之二：去过的桥

3.坍塌的桥
- ①思考一：桥为什么会塌
- ②思考二：怎么让桥稳固
- ③思考三：为什么我们搭的桥不牢固，是什么原因呢

4.承重的秘密
- ①不同材质桥面的承重
- ②不同桥墩承重的对比
- ③桥墩数量的对比

5.小小建筑师
- ①我们的"桥"我们做主
- ②亲子时光——"我们的桥"

6.不一样的桥
- ①玩转身体"桥"
- ②童眼看世界——奇妙的桥

五、活动探究

1.探究一：桥的种类

周一早上入园，建构区的孩子们就兴致勃勃地搭起了"汽车游乐城"，小旭在"汽车游乐城"中间搭起了一座立交桥，便吸引来了其他小朋友的目光。

小旭："我搭了一座立交桥，有了立交桥我就可以更快地到达我想要去的地方。"

于是老师问孩子们："除了立交桥，你们还见过什么样的桥呢？"

小优："我见过又长又直的桥，上面还有火车通过呢！"

小奔："我出去玩见过吊着的桥，摇摇晃晃的很好玩。"

小馨："我在杭州，见过断桥，好有意思呢！"

小怡："我见过拱桥，就在小坝上，我总和奶奶在上面走呢！"

孩子们你一言我一语，纷纷向同伴讲述自己见过的桥。看到孩子们对桥这么感兴趣，教师向孩子们抛出了问题："桥的种类有哪些呢？"

孩子们回家和家长一起查阅资料，了解不同类型桥的特点和作用，并记录在表格上。周一孩子们带着记录表回来了，孩子们围在一起相互分享自己的记录表。（如图2-6-1、图2-6-2所示）

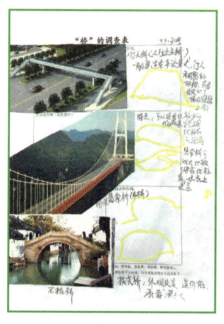

图2-6-1　　　　　　　　　　　　　　　　图2-6-2

小佳："我的桥是由很多绳子拉着的。"

小优："我的桥是木头桥。"

小瑜："我的桥很长很长。"

……

孩子们兴致勃勃地介绍自己记录的桥，原来有这么多不同类型的桥，我们就一起来看一看吧！

"这种底下有弯弯的洞洞的桥，它们有一个共同的名字叫拱式桥，著名的赵州桥、卢沟桥就是拱式桥。"

"这种底下有很多桥墩的、长长的是梁式桥，例如，洛阳桥、龙潭河大桥。"

"有很多框架的叫钢架桥，例如，朝天门大桥、卢浦大桥。"

　　"用很多绳索吊着的叫悬索桥，例如，舟山西堠门大桥、武汉阳逻长江大桥。"

　　"用很多拉索直接拉在桥塔上的叫斜拉桥，例如，杭州湾跨海大桥、胶州湾跨海大桥。"

　　孩子们听完后议论纷纷，决定对记录表进行总结，孩子们分小组统计记录表上不同特征的桥的数量，并根据桥的特征进行了分类。（如图2-6-3、图2-6-4所示）

图2-6-3

图2-6-4

　　教师小结：孩子们在区角活动时，在游戏中发现了桥，因为桥的出现，孩子们进行交流，发现了关于桥的问题，对桥产生了强烈的兴趣，带着问题回家和家长一起收集资料，该活动很好地促进了亲子之间的合作关系。陈鹤琴曾说："幼儿教育是一种很复杂的事情，不是家庭一方面可以单独胜任的，也不是幼儿园一方面可以单独胜任的，必定要两个方面共同合作才能得到充分的功效。"所以，家园配合一致是促进幼儿和谐发展的基础。

2. 探究二：我眼中的桥

（1）谈话活动之一：家乡的桥

小凡："我知道永修有一条在水里的桥。"

小河："我去西海走过了玻璃桥。"

孩子们还想去看看家乡的桥，于是家长们带着孩子去寻找属于自己家乡的桥。孩子们像小导游一样，一个一个把自己家乡的桥介绍给同伴，我们一起来看看吧。

小月："这是我们小坝上的石拱桥，妈妈告诉我它叫思贤桥，是一座很古老的桥。"

小优："我去了八里湖的玻璃桥，桥下面都是水，玻璃很坚固，不会破的。"

小千："我去了萍乡武功山山顶的玻璃桥，是和爸爸、妈妈、外婆还有哥哥一起去的，在这个桥上我们可以看到武功山的全景，特别漂亮呢！在桥上我很开心，武功山可是我自己爬上去的，没有让爸爸妈妈抱哇！"

小齐："这是我在南山公园石拱桥上拍的照片，我喜欢石拱桥。"

小衍："这是我和爸爸在森林公园的一个吊桥上的合影，走在上面会摇摇晃晃，我要牢牢牵着爸爸的手，不然会摔跤的。"

小馨："这是我和爸爸妈妈一起去庐山西海时走过的桥，妈妈告诉我这个桥全长398米，最高落差108米，宽2米。我在桥上轻轻一踩，脚底下就有裂纹蔓延，但我一点也不害怕。"

小瑞："这是我和奶奶一起在婺源篁岭景区吊桥——全心桥上拍的照片。"

小轩："我去了烟水亭九曲桥，离我们学校很近呢！"

（2）谈话活动之二：去过的桥

小萌："这是我小时候和爸爸、妈妈、奶奶一起在南京玄武湖台菱桥拍的照片，我们是相亲相爱的一家人。"

小羽："这是我在石牛寨玻璃桥旁边拍的照片，透明的玻璃桥让我有点害怕，我不敢过去。"

小萌："这是暑假时，我和家人去新加坡玩见过的桥，它叫安德逊桥，是看鱼尾狮的必经之路。"

小扬："这是我和亲爱的哥哥在安徽黟县小村庄石拱桥上的合影，这个桥好宽哪！"

孩子们在欣赏同伴带来的照片时，有一个孩子突然说："老师，有的桥很坚固，但有的桥一点也不坚固，我看到新闻里说有一座桥塌了。"有些孩子听完非常惊讶，议论纷纷："老师，他说的是真的吗？"于是我们一起观看了2019年10月10日江苏无锡桥梁倒塌事件的新闻。

教师小结：孩子们带来了与桥的合影，孩子们像个小导游一样，绘声绘色地介绍自己走过的桥，并讲述自己家乡桥的故事，以自己与桥的合影为契机，开展了一次丰富的谈话活动。3～6岁是一个人学习语言的最佳时期，谈话活动则是语言发展过程中有目的、有计划地组织幼儿学习语言的教育活动，创造一个良好的语言环境，引导幼儿大胆表达，其他幼儿专注倾听，不仅能够培养幼儿的语言表达能力与倾听能力，还能让幼儿在这种良好的氛围里开展活动，促进游戏更好地进行。

3. 探究三：坍塌的桥

江苏无锡桥梁倒塌事件给孩子们带来了巨大的冲击，他们纷纷流露出悲伤的神情。

小藻："老师，他们好可怜哪，为什么桥会塌呢？爸爸说有的桥几百年都不会塌呢！"孩子们针对这个问题，纷纷表达了自己的想法。

（1）思考一：桥为什么会塌？

优优："桥上车太多了。"

小柚："有的小朋友在桥上跳来跳去，桥就塌了。"

小赫："桥太轻，车子太重了，所以塌了。"

小轩："高架桥上有缝，所以桥就塌了。"

（2）思考二：怎么让桥稳固？

小馨："用胶带粘上去。"

小瑞："用滑梯撑住。"

小润："用梯子把桥撑住，也可以用石头把桥固定。"

于是我们一起翻阅了资料，原来是因为桥面上有一辆超载的拉钢筋的车经过，导致桥面侧翻。就在这时，有些小朋友说："我能搭一座稳固的桥！"接着大家就在区角里尝试自己动手搭建稳固的桥，在搭建的过程中桥面总会坍塌，小朋友们为此很疑惑。

（3）思考三：为什么我们搭的桥不牢固，是什么原因呢？

区角活动结束后，孩子们陷入了沉思，提出问题："为什么我们搭的桥不牢固，是什么原因呢？""要怎样搭才能使桥坚固，不易坍塌呢？"我们带着问题进入了下一个探索环节。

教师小结：通过思考，孩子们发现了问题，对问题产生了强烈的探究欲望，于是翻阅资料进行查找。经新闻得知桥面坍塌的原因后，孩子们决定搭一座稳固的桥，但在搭建桥的过程中再一次遇到困难，孩子们依旧保持着对新知的渴望，就这样，从发现问题到解决问题到再次发现问题，进入了下一个环节。

4. 探究四：承重的秘密

（1）不同材质桥面的承重。经过讨论后，我们选择了书本、白纸、积木、KT板、纸壳来做"桥面"，薯片圆柱筒来做桥墩，一箱牛奶来做承重物，于是我们的第一个实验开始了。

一个小朋友进行记录，一个小朋友进行实验。（如图2-6-5、图2-6-6所示）

图2-6-5

图2-6-6

小赫："白纸桥面挑战失败，因为白纸太轻太薄了。"

小佳："我做好记录了，白纸挑战失败。"

小优："我就知道积木桥面一定能挑战成功的！"

小千："纸壳桥面也成功了！"

小雄："KT板桥面一放就破了。"

小馨："书本桥面挑战成功！"

小辛同样也进行了书本桥面挑战，结果却失败了。

孩子们就这样在轻松愉悦的氛围中探索不同材质桥面承重的结果，并将记录进行总结，最后得出结论：白纸太薄了，KT板比较脆，所以这几种材料在挑战时会失败；纸壳和积木材质硬一些，所以桥面挑战成功；书本桥面挑战有的小朋友成功，有的小朋友失败，是因为是否挑战成功有部分原因取决于小朋友们摆放的位置。

教师小结：孩子们在探索不同材质桥面的承重实验中观察、操作、记录、合作，并进行总结，在实验中发展了幼儿的观察能力、思维能力及合作能力。

（2）不同桥墩承重的对比。经过上一次的实验，小朋友们在选择材料上更加认真专注，积极参与讨论，我们选择了纸筒、薯片圆柱筒、旺仔牛奶瓶、形状不同的积木（三角形、长方形、半圆形等），统一将长方形的木质积木作为桥面，一箱牛奶作为承重物。于是第二次实验开始喽！

小心："纸筒桥墩太薄啦！挑战失败。"

小柚："薯片圆柱筒和旺仔牛奶瓶都很坚固，挑战成功喽！"

小赫："三角形积木桥墩挑战失败啦，我要试试半圆形的积木！"

小雄："半圆形挑战失败，我再试一次……还是失败了，老师，你快来看看！"

于是老师尝试了半圆形桥墩的挑战。

"哇！半圆形积木挑战成功！"

小朋友们议论纷纷。我们发现纸筒太软了，用它做桥墩当然会被压扁；旺仔牛奶瓶和薯片圆柱筒材质比较硬，所以很坚固；三角形又小又尖，用它做桥墩一点也不坚固；半圆形上面圆圆的，所以桥面无法平衡，最后就失败了。可是老师怎么挑战成功了呢？

小朋友们对桥墩产生了浓厚的兴趣，有一个小朋友问："是不是因为老师摆放的位置和我们不一样？""那桥墩的数量不一样也会影响桥的坚固吗？"大家讨论后决定进行下一个实验。（如图2-6-7、图2-6-8所示）

图2-6-7

图2-6-8

教师小结：孩子们用纸筒、形状不同的积木、旺仔牛奶瓶、薯片圆柱筒等材料进行多次实验，在实验中孩子们分工合作、观察记录、讨论思考。在活动中孩子们的思维能力、观察能力及合作能力得到了发展。在挑战半圆形积木承重时，小雄发现自己的半圆形积木无法承受一箱牛奶的重量，可是老师的半圆形积木却挑战成功了。孩子们对此产生了强烈的好奇心，于是他们经过观察、操作、思考、讨论发现了新的问题，紧接着他们带着问题进行了下一个实验。在活动中遇到困难时，孩子们选择用探索的眼光看待问题，在活动过程中促进了幼儿形成不怕困难、坚持不懈的良好品质。

（3）桥墩数量的对比。我们决定用相同的木质积木来进行桥墩数量的对比。还是用木质积木作为桥面，一箱牛奶作为承重物。

一根桥墩挑战失败，"这是为什么呢？"小朋友们开始讨论。

小辛："因为一根桥墩就像跷跷板一样会不平衡。"

小柚："就像我们用一只脚站立也站不稳呢！"

两根桥墩挑战成功，可是三根桥墩挑战失败，这是为什么呢？

经过小朋友们的多次摆放终于成功了！我们发现原来桥墩的间距也非常重要。

小旭："原来这就是老师挑战成功的原因了！"经过第一次的失败，大家总结经验，接下来四根、五根、六根桥墩都挑战成功了。

通过这个实验，我们发现一根桥墩是不坚固的，桥墩越多越坚固，在摆放时要注意桥墩的间距，一定要摆放整齐才能成功。

　　教师小结： 孩子们在多次实践、观察、记录、合作、分享交流中发现，除了材料的不同会导致是否能承重，材料的选择、位置的摆放、间距及是否居中、是否平衡，都会影响到桥的承重以及桥的坚固。孩子们在多次实践后依旧保持对问题的探索热情，在实践中学习，能够培养幼儿与同伴合作交流的能力，并体验与同伴合作交流的乐趣，感受成功的喜悦，能够培养幼儿不怕困难、坚持不懈的良好品质。（如图2-6-9所示）

图2-6-9

5. 探究五：小小建筑师

　　（1）我们的"桥"我们做主。（如图2-6-10、图2-6-11所示）"假如你是设计师，你会设计一座什么样的桥呢？"

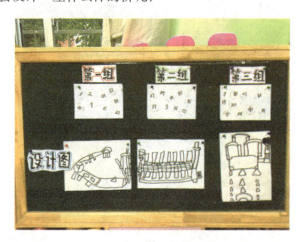

图2-6-10

图2-6-11

孩子们分为三组进行讨论，经过投票选出本组的小组长。接着就开始画设计图，按照设计图进行搭建，搭建完后给设计的桥起了一个好听的名字。

第一组：甜沙高速公路桥。

第二组：机器人桥。

第三组：阴雨娃娃桥。

小朋友们提出要与自己搭建的桥进行合影的建议，哇！大家都很有成就感哪！（如图2-6-12、图2-6-13所示）

图2-6-12

图2-6-13

　　（2）亲子时光——"我们的桥"。在幼儿园里与同伴设计完桥以后，孩子们意犹未尽，创造力还在延续，于是千千小朋友从家里带来了她和爸爸妈妈共同设计的桥。（如图2-6-14、图2-6-15所示）

图2-6-14

图2-6-15

　　千千："老师，我想把我和爸爸妈妈一起设计的桥放在甘棠湖上，这样我们到湖的对面就很方便啦！"

　　班上小朋友们欣赏完千千的桥后，他们回家纷纷与家长共同设计了属于

"我们的桥"。

第二天，小朋友们把自己设计的桥带到学校，分享自己的设计心得。他们设计的桥都太有创意了，材质、形状各不相同，每座桥都是独一无二的，于是请大家一一介绍自己设计的桥，并放在展示板上进行展示。（如图2-6-16、图2-6-17所示）

图2-6-16

图2-6-17

6. 探究六：不一样的桥

（1）玩转身体"桥"。小朋友们对自己制作的桥非常喜爱，佳佳在介绍自己的桥的时候用身体摆出了"桥"弯弯的造型。小朋友们开始模仿佳佳这个"桥"的姿势，凡凡从佳佳的"桥洞"里钻过去，接下来，关于身体"桥"的游戏开始啦！

我们带着孩子分别玩了"钻桥洞""过桥""我是一座桥"的游戏。孩子们非常喜爱身体"桥"的游戏，游戏结束后在区角时间，老师提出了一个问题："你们见过生活中'特别的桥'吗？"

（2）童眼看世界——奇妙的桥。出示世界各地具有特点的桥的图片，引导幼儿观察了解世界各地具有特点的桥。

小优："哇！桥上还有水呢！"

小怡："那我们可以游泳过桥吗？"

小瑜："我看到了桥上的船，我们可以坐船过去！"

教师小结：对桥的承重进行了探索后，孩子们对动手设计桥产生了强烈的兴趣，于是小小建筑师们开始设计属于自己的桥。第一次设计时，幼儿们分工合作，在活动中体验与同伴交流合作的乐趣，激发了幼儿创造力的同时，也培养了他们的动手操作能力和语言表达能力。因为第一次设计桥的游戏体验感良好，孩子们非常感兴趣，在家里继续发展自己的创造力，渴望将自己的作品与他人分享，于是他们把与家人一起制作的桥带到学校进行交流分享。在介绍桥的时候，有的孩子用身体摆出了桥的造型，于是其他孩子发现了原来身体"桥"可以做游戏，我们就开展了关于桥的游戏。最后我们分享了世界各地具有特点的桥，让孩子们继续保持好奇心去探索问题。活动虽然已经接近尾声，但求知的童心永不停止，每个活动都是以孩子的兴趣为契机，孩子在学中玩、玩中学，体验与同伴合作游戏的快乐。在活动中培养了幼儿的语言表达能力、动手操作能力和思维能力。

六、活动完成感悟

幼儿先是对"桥"产生了好奇，而区角搭建桥激发了幼儿的兴趣，在探索发现中引出了一个一个关于桥的活动。在探索过程中，我们感受到了孩子们的进步，活动的结束不是课程的结束，而是成长的开始，在这一个多月关于桥的活动中，孩子们不仅有收获的喜悦，也有成长的经验。经过深刻的反思后，笔者认为在今后幼儿活动中应该注意以下几点：

（1）注重培养幼儿的良好品质。在活动中，孩子们从发现问题开始，在观察、记录、思考、实践、讨论、总结等阶段不断地探究问题。在探究中我们遇到过困难，遭遇过失败，一次又一次地实践，孩子们依然选择前进，在孩子们身上我们看到了坚持、不放弃的良好品质。如果孩子们在活动中遇到困难时选择逃避、退缩的话，就无法体会到通过我们的不断努力习得关于"桥"的知识的快乐，更加无法体会到活动过程中与同伴、教师、父母合作交流的乐趣。教师应注重培养幼儿的良好品质，这些良好品质一旦形成，就会成为其内在的驱动力，会在幼儿今后的成长中发挥无限的作用。

（2）家园配合一致，促进幼儿健康和谐地发展。在本次活动中，每位幼儿家长都参与其中，和孩子们一起寻找桥的秘密，完成桥的种类调查表，共同制作

属于自己的桥。在这个过程中，孩子们感受到了与家长合作交流的快乐，同时也创造了良好的家庭氛围，做到家园配合一致，促进幼儿健康和谐地发展。

（3）活动的重点在于过程而不在于结果。孩子们通过观察、记录、思考、实践、讨论、总结的方式，不断地探究关于桥的问题，在这个过程中我们看到了孩子们不怕困难、团结协作的良好品质，同时也发现了孩子们善于思考、乐于表达、愿意分享、认真倾听的能力。最后孩子们通过不懈努力得出答案，相信在今后的活动中，孩子们会更加自信、从容地面对困难，并积极地解决问题，所以过程往往比结果更重要。

经过一个多月的主题活动，老师和孩子们都收获满满，但这些收获是远远不够的。身为教师，我们要本着终身学习的态度，不断地提高自身的专业素养和教育教学水平，为了孩子们拥有更好的活动体验而继续前进。

（本案例由中二班钟婷婷、潘珂琦老师提供，文中姓名均为化名）

生命的力量

我的名字秘密多

一、活动兴趣来源

每个人都有自己的名字，名字会伴随我们一生。当我们还在妈妈肚子里的时候，大人们就花了很多心思为我们取一个好名字，希望我们以后幸福快乐。名字蕴含着长辈对孩子的祝福、期望和深深的爱。

本月我们中班的活动主题是"生活调色盘"，其中一个内容是"名字的故事"，孩子们对于这个活动特别感兴趣。一天，王姐姐碰到王弟弟好奇地说："哎，我们名字的第一个字竟然都是一样的，好神奇啊！"小睿碰到×睿会说："我们名字的最后一个字也是一样的，好好玩。"（如图3-1-1所示）名字有什么用呢？我们的名字怎么来的？为什么给我取这个名字？为什么我的名字有的地方和别人一样？孩子们有了许多小问号，接下来就让我们一起走进"我的名字"系列活动去寻找答案吧！

图3-1-1

二、活动前期思考

到了中班，孩子们对自己有了更进一步的认识，知道自己的喜好、自己喜欢的动画形象、自己与别人的不同。而名字是每个小朋友特有的，也是他们认识自己的重要的一部分。在"我的名字秘密多"活动中，孩子们将会了解到名字对自己的意义和作用，同时也将感受到爸爸妈妈为自己取的名字的寓意包含深深的爱。

三、活动研究目标

（1）知道名字的作用，能区分姓和名的不同。

（2）通过游戏扩展幼儿各方面的认知，并敢于在大家面前大胆地表达自己心中所想。

（3）明白父母为自己取名所蕴含的深深期望和祝福，并喜欢自己的名字。

四、活动思维导图

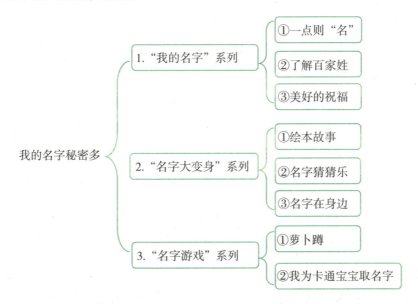

我的名字秘密多
- 1. "我的名字"系列
  - ①一点则"名"
  - ②了解百家姓
  - ③美好的祝福
- 2. "名字大变身"系列
  - ①绘本故事
  - ②名字猜猜乐
  - ③名字在身边
- 3. "名字游戏"系列
  - ①萝卜蹲
  - ②我为卡通宝宝取名字

五、活动探究

1. 探究活动一："我的名字"系列

（1）一点则"名"

传统点名的方式就是点到名字答"到"，老师做好记录。时间久了，幼儿

世界，你好啊！

就会失去兴趣，有时还乱答"到"。（如图3-1-2所示）

图3-1-2

　　而趣味点名是选择幼儿喜欢的话题，如"喜欢吃什么东西，最喜欢的小动物"等，既能够激发幼儿的兴趣，也能够发展幼儿的口语表达能力。本周，孩子们已选出自己最喜欢的主题"动物类"，通过点名，幼儿说出自己心中所想的动物来应答，代替以往点名时喊"到"。

　　当点名游戏进行到一半时，小伶和身旁的小朋友在一旁窃窃私语："晨间点名只有我才可以说猴子，你们不行，因为我叫伶伶，妈妈说"伶伶"寓意是和小猴子一样聪明伶俐！"这时距离小伶较近的×伶大声说："我也叫伶伶。""老师还有我，还有我，我也叫霖霖。"小霖大声喊道。这时全班孩子你看看我、我看看你，他们非常兴奋，小伶立马站起来接着说："我妹妹小三班也有一个小朋友叫🔔。""是的，是的，中四班也有。""小一班也有。""大班的哥哥姐姐也有。"就这样，孩子们你一言我一语，他们似乎非常想知道幼儿园有多少位🔔。为了解开他们的疑惑，我和孩子们开展了全园找🔔活动。（如图3-1-3所示）在调查过程中，我们发现全园有16位🔔小朋友，还有小三班🔔老师、保安🔔叔叔、校医🔔老师，活动过程中孩子们专注力很高，调查非常仔细。在调查的同时，孩子们还发现许多名字的第一个字是一样的。这是为什么呢？带着这个疑问，孩子们来请教老师。原来那是我们的姓氏，姓氏不仅代表着一个家族的名字，它还有很多故事，一起来听听吧！

（2）了解百家姓

小芮："我姓刘，我爷爷姓刘，我爸爸也姓刘，你们知道刘邦吗？知道汉武帝也姓刘吗？汉武帝叫刘彻，是个了不起的人，所以我要从小热爱学习，乐于帮助别人，要努力做个对国家有用的人。我是个很听我爷爷话的孩子，长大后一定要成为刘氏家族中一名有用的人。"

图3-1-3

小惹："我姓陈，我爷爷、我爸爸也姓陈，好久好久以前爷爷还给我讲过一段'义门陈'的故事呢！"

（3）美好的祝福

通过上述活动的开展，孩子们了解到原来我们的祖先都是这么了不起，他们和自己的姓氏有着密切的关系。一天，活动进行中，乔乔突然向笔者提出问题："老师老师，我知道了，小伶的名是'伶'，寓意像小猴子一样聪明伶俐。那我叫小乔，我的名字的寓意是什么呢？"

"我叫小南，妈妈为什么给我取这名字？"

"我叫小玞，我的名字有故事吗？"

面对孩子们的种种问题，老师一时不知如何解答，于是将问题抛给了孩子们。

"家里有谁喊你这个名字呢？问问他们，答案就出来啦！"

终于，放学的时间到了，孩子们满怀好奇地回到家，当晚有心的家长便发来了与孩子交谈的视频录像。

惹惹："妈妈，我为什么叫惹惹呀？"（如图3-1-4所示）

图3-1-4

妈妈： "因为你是蛇年出世的，惹惹包含你的生肖属性，有纪念的意义。"

南南： "妈妈，我为什么叫王铠南哪？"

妈妈： "爸爸姓王，所以你也姓王。"

南南： "那铠南呢？"

妈妈： "铠南是因为爸爸妈妈婚后去海南玩，然后有了你，你是我们的蜜月宝宝，象征着幸福、甜蜜与美好。为了纪念，我们就用了海南的谐音给你取名——王铠南。"

南南： "哇，好好听的名字，我好喜欢，谢谢爸爸妈妈。"

乐乐： "爸爸爸爸，我为什么姓杨啊？"

爸爸： "因为你跟爸爸姓啊！"

乐乐： "还有谁姓杨啊？"

爸爸： "你爷爷也姓杨，你的大伯、二伯、姑姑，还有杨妈妈，都姓杨。"

乐乐： "我为什么叫杨乐玞哇？"

爸爸： "杨乐玞的'乐'是快乐的意思，'玞'是美玉的意思，爸爸妈妈希望你长大后快快乐乐、漂漂亮亮，你喜欢吗？"

乐乐： "我喜欢，谢谢爸爸妈妈！"

以上是家长和孩子们的对话，第二天老师将视频在班上播放，隐约听到孩子们对自己的名字还有些小想法。

小熙： "我有点喜欢我的名字，因为我的名字很好听，但是我的名字中的'熙'字有点难写哦！"（如图3-1-5所示）

图3-1-5

小睿："我的名字特别好听，它和我爸爸的名字意思一样。我爸爸叫曾令杰，我叫曾泓睿，我们都是睿智杰出的人，这样大家很容易记住哦！"

小芮："我超级喜欢自己的名字，妈妈说我的'芮'字寓意着女孩子玲珑小巧、青春活力、勇往直前。"

教师的话：孩子们对"名字"的话题产生了浓厚的兴趣，对于自己名字的由来产生了进一步探究的想法，讨论活动很好地满足了幼儿这一兴趣，同时也使幼儿感受到自己名字的寓意和父母对他们的期望，怀着感恩的心，我们的活动继续开展。

2. 探究活动二："名字大变身"系列

（1）故事绘本《我的名字叫克里桑丝美美菊花》

第二天，老师在小书吧里发现了故事绘本——《我的名字叫克里桑丝美美菊花》，当时没留意是谁带回来的。今天晨间锻炼活动后，无意中在美工区听到有人在讨论。（如图3-1-6所示）

图3-1-6

　　"我叫小尹，彩虹羽毛美丽七色花。"

　　"我叫小儒，红色黄色大大小小美美花。"

　　这是怎么一回事呢？非常好奇，笔者决心留下来看看，原来是小尹、小儒、小熹几个在模仿故事绘本中的小老鼠。小老鼠名叫克里桑丝美美菊花，它用自己的名字和绘画的花朵连在一起，因为它认为这样非常好听，也很有意义。孩子们说着说着，这时小尹用勾线笔在彩纸上开心地画着，出于好奇，笔者上前便问道："孩子，你在干什么呢？"

　　（2）名字猜猜乐（如图3-1-7所示）

图3-1-7

　　小尹："老师，我们可以用画取名字，那也可以用名字画画喽！你看，这是我做的名片，小草代表我的姓，曦曦和星星的读音是不是很接近呢？还有一条小蚯蚓，晚上小蚯蚓在草地里散步，多好玩啊，这是我的名片。"

　　是的，孩子们的发现总能给我们带来意想不到的惊喜和收获，在老师身边的黄梓墨小朋友接着说："黄是我名字的第一个字，梓墨是爸爸妈妈希望我多学习，我可以选择爸爸常用的墨水颜色'黑色'。"说完也立刻尝试制作自己的名片。随着孩子们兴趣的激发，老师立马想让更多的孩子也参与进来。

　　"这个游戏真好玩，还有谁想尝试制作自己的名片呢？""我！我！我！"孩子们非常兴奋，很快，他们一个个都开始尝试制作自己的名片。（如图3-1-8所示）

图3-1-8

　　小博："我的名字最好猜，第一幅图桃中间是本书，我想爸爸妈妈希望我有学问，最后是帽子，只有很有学问的人才能戴这顶帽子呢！我以后会成为这样的人！"

　　小旭："你们养过蚕吗？蚕宝宝吃的桑叶就是我的姓，而'苤旭'是大人们希望我像初升的太阳般给大家带来希望。"

　　名字的游戏还没有结束，第二天梦梦很自豪地拿出这幅名字画，并绘声绘色地说："这是周末我爸爸给我带回来的一幅民间艺术姓名画！"（如图3-1-9所示）

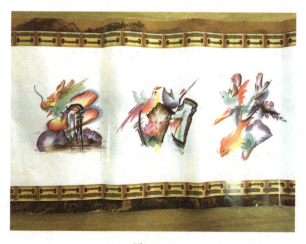

图3-1-9

（3）名字在身边

在开展名字活动中，孩子们还发现自己的名字无处不在，如在幼儿园里他们发现衣服的标签上、印章里、考勤表上、柜子上都有自己的名字；而在户外幼儿园附近的"柔婷"美容店，小柔小朋友找到了她的名字"柔"；在文具店门口的抬头上，小文小朋友找到了他的名字"文"；在博士眼镜店的门口，小博小朋友找到了他的名字"博"。经过一次次的活动，孩子们懂得了名字的寓意和作用，那不仅是父母的期望，更是自己不可替代的称呼。（如图3-1-10所示）

图3-1-10

教师的话：名字是每个人的象征，每个小朋友的名字都是独一无二的。孩子们在介绍自己名字的同时也知道每个人都有一个好听的名字，而每个名字更是饱含着爸爸妈妈对孩子浓浓的情和深深的爱，同时在生活中也为我们带来了很大的便利，孩子们对心中那个"小小的我"有了更坚定的理解。

3. 探究活动三："名字游戏"系列

（1）萝卜蹲

课间时间，一个孩子告诉笔者："老师老师，昨天我在《爸爸去哪儿》的电视节目中发现了一个关于名字的游戏，叫'萝卜蹲'。"说着就拿着班上的区角毛绒玩具当姓名牌道具，叫上周围的几个孩子演示给老师看。（小芮蹲、小芮蹲、小芮蹲完小茹蹲，小茹蹲、小茹蹲、小茹蹲完妍妍蹲，妍妍蹲、妍妍蹲、妍妍蹲完小芮蹲……）

就这样，她们循环喊名字，慢慢地，观看的孩子们越来越多，也纷纷加入游戏中，突然一个拿小象的孩子停顿了，他把小朋友的名字改成动物的称呼，游戏最后演变成：小象蹲、小象蹲、小象蹲完小熊蹲，小熊蹲、小熊蹲、小熊蹲完小兔蹲，小兔蹲、小兔蹲、小兔蹲完小象蹲……

（2）我为卡通宝宝取名字

玩着玩着，拿着小兔的宸宸立马找到笔者说："老师老师，我家有两只小兔，它们的名字叫乐乐和淘淘，寓意开心快乐，可是我们班上的小兔还没有名字呢！"是的，经过一系列的名字游戏过后，孩子们把关注点聚焦到了班上的5个卡通动物的身上，老师意识到这是锻炼孩子认识名字的一个好契机。

老师："可是宸宸，它们没有爸爸妈妈呀？"

宸宸："那我们和爸爸妈妈一起给它们取名字好吗？"

老师："当然好啦！"（如图3-1-11所示）

图3-1-11

随着孩子们的提议，老师在班上发起了"我为卡通宝宝取名字"的倡议书。内容如下：

中三班5个卡通动物宝宝一直以来是孩子们最好的朋友，一起生活、一起学习、一起成长，但它们始终没有自己的名字，所以从现在开始，我们一起开动脑筋，帮它们取个好名字吧！

小猪：代表德行品质　　小狗：代表聪明智慧　　小熊：代表平安健康

小兔：代表美丽大方　　小象：代表勤奋努力

本次活动，家长们积极参与，和孩子们一起为卡通动物起名180余个，经班级推选共9组、45个名字入选。最终由家长代表和班级教师代表投票遴选出三组卡通形象的名字。

小琪和爸爸妈妈为卡通宝宝起的名字。（如图3-1-12所示）

"我爱我的中三班——我为卡通宝宝起名字"卡通形象征名表

	1（小猪）	2（小狗）	3（小熊）	4（小兔）	5（小象）
卡通形象					
名字	圆圆	淘淘	杉杉	彩虹	晨晨
含义	圆满、可爱、圆圆的	有点活泼，小淘气	杉指的是一种高而直的树，代表着健康、活力与坚强	给人以美丽的视觉享受，表示吉祥、美满、幸福	活泼开朗，朝气蓬勃，积极乐观，勤奋努力，梦想远大
寓意	依据中班幼儿身心特点，我班幼儿管理理念内容如下： 班风：相亲相爱，幸福成长 班规：文明礼貌很重要，卫生习惯不能挎 班级：茁壮每一颗苗，艳丽每一朵花 中三班以五只可爱的卡通动物形象分别代表，在《3—6岁儿童学习与发展指南》《幼儿园教育指导纲要》引领下我班迎来五只吉祥宝宝征名倡议。 小猪代表德行品质，小狗代表智慧聪明，小熊代表平安健康，小兔代表审美体验，小象代表勤奋努力。					

图3-1-12

小猪：圆圆，寓意圆满、可爱、圆圆的。

小狗：淘淘，寓意有点活泼，小淘气。

小熊：杉杉，寓意杉指的是一种高而直的树，代表着健康、活力与坚强。

小兔：彩虹，寓意给人以美丽的视觉享受，表示吉祥、美满、幸福。

小象：晨晨，寓意活泼开朗，朝气蓬勃，积极乐观，勤奋努力，梦想远大。

小衡和爸爸妈妈为卡通宝宝起的名字。（如图3-1-13所示）

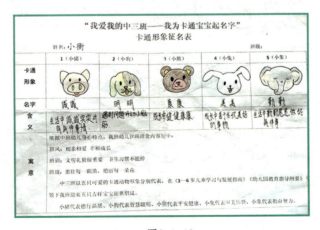

图3-1-13

小猪：诚诚，寓意生活中诚诚实实对待每件事情。

小狗：明明，寓意遇到问题开动小脑筋。

小熊：康康，寓意成长中健健康康。

小兔：美美，寓意成长中善于发现美好的事物。

小象：勤勤，寓意生活中勤勤恳恳做好每件事。

小睿和爸爸妈妈为卡通宝宝起的名字。（如图3-1-14所示）

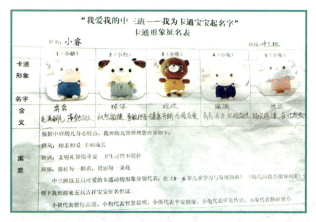

图3-1-14

小猪：奔奔，寓意充满朝气，蓬勃向上。

小狗：球球，寓意机智敏捷，勇敢担当。

小熊：欢欢，寓意健康开朗，和睦友爱。

小兔：蹦蹦，寓意青春活力，积极奋进。

小象：壮壮，寓意踏实稳健，苗壮成长。

最后在大家的齐心努力下，我们在众多名字中挑选三组推广到社会中请大家投票，票多组为胜，时间维持一个月。

教师的话：孩子们对周围的事物有着强烈的好奇心和求知欲，他们聪明的小脑袋里总是装着许多奇特的想法。通过开展取名字活动，孩子们再一次以自己独特的思路大胆地展开了想象，进行了异想天开的创造，展示了自己的特别之处。

六、活动完成感悟

本次系列活动，我们通过发现、探索、实践等几个环节来完成名字游戏，孩子们从自我发现到关注别人名字的不同，游戏层层递进，由浅入深。每一项游戏活动都来自孩子们自己的生活。每个人都有自己独特的名字，而每个名字的背后都有一个美好的故事，这个故事便是家庭的殷切希望和情感的传递。作为教师，我们愿意在生成性生活化的课程中感受最真挚、最简单的美好！（如图3-1-15所示）

图3-1-15

（本案例由大三班陈晶晶老师提供，文中姓名均为化名）

爱牙护牙，如"齿"闪亮

一、活动兴趣来源

我们班的小阳小朋友在一次午餐时，由于长了蛀牙，不仅吃不下饭，而且痛得哭了起来。这引发了孩子们关于牙齿的讨论：牙齿的生长过程、蛀牙产生的原因、保护牙齿的方法……

"老师，我的牙好疼。"

中午吃饭的时候，小阳小朋友捂着自己的嘴哭着说道。

听到小阳的话，小朋友们都围到了他的身边，好奇地往他的嘴里看，咦！原来他的牙齿上有一个"黑洞洞"！（如图3-2-1所示）

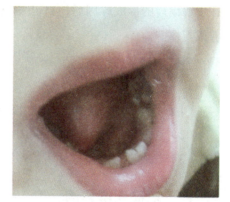

图3-2-1

小贝："是不是你吃太多糖了？奶奶说不能多吃糖，不然牙就会被虫蛀坏了。"

小泊："我以前也有蛀牙，妈妈带我去医院，医生叔叔把我的蛀牙都拔了，换上了大钢牙。"

小哲："我前几天在家里的时候掉了一颗牙，我的哥哥姐姐也掉了牙齿，妈妈说这是因为我长大了。"

牙齿是怎么长出来的呢？不同的牙齿作用一样吗？蛀牙是怎么形成的？带着这些问题，我们开启了对牙齿的探秘旅程……

二、活动前期思考

牙齿是我们人体最重要的咀嚼器官，所以，让孩子们清楚地认识到牙齿的重要

性以及学习保护牙齿的方法势在必行。在活动推进中，我们需要思考以下几点。

（1）激发幼儿生活经验，认识牙齿对我们的重要性。在健康教育中，我们常常会陷入单一说教的误区，其实，贴近幼儿生活经验的内容才能获得他们的共鸣，将已有经验与所学知识相结合，幼儿的感受更为深刻。由此，在活动中，通过调查身边的人的牙齿状况，了解牙齿的生长过程，利用科学小实验，探究龋齿的形成原因，在看看、说说、做做中实现我们的教学目标。

（2）教师有目的地引导幼儿自发地养成爱护牙齿的习惯。爱护牙齿是家长和老师非常关注的教育话题，但是我们发现生活中孩子们依旧缺乏自觉性。在本次活动中，我们抓住教育契机，在孩子们关注蛀牙产生感触时，激发其学习兴趣，在了解龋齿的形成原因后，自己发现保护牙齿的方法，并在生活中不断实践，养成习惯。

三、活动研究目标

（1）了解牙齿的生长过程及牙齿的不同作用。
（2）通过了解龋齿的形成原因，掌握保护牙齿的多种方法。
（3）养成良好的爱护牙齿的习惯。

四、活动思维导图

爱牙护牙，如「齿」闪亮

- 1.牙齿的生长过程
- 2.牙齿的作用（不同位置的牙齿对我们咀嚼的帮助）
- 3.龋齿的形成（通过实验了解龋齿的形成原因）
- 4.小牙医体验
  - ①对牙齿治疗的疑问（牙医的工具、治疗方法）
  - ②预防龋齿的小妙招
  - ③体验小牙医（帮爸爸妈妈检查牙齿，克服对治疗牙齿的恐惧）
- 5.爱牙行动（利用记录卡记录爱护牙齿的一周行动，养成爱护牙齿的良好习惯）

五、活动探究

1. 探究一：牙齿的生长过程

我们的牙齿是一出生就长出来了吗？是一颗一颗地长出来的，还是一排一排地长出来的？让我们去看看弟弟妹妹们的牙齿情况吧！

檬檬："我的弟弟才4个月大，我发现他还没有长牙。"

萱萱："我的弟弟11个月啦，他长了2颗牙。"

心心："我的妹妹已经1岁11个月了，妈妈告诉我，她长了17颗牙，我比她多3颗。"

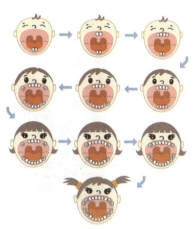

图3-2-2

我们的第一颗牙齿一般在出生的6个月左右开始生长，2岁半左右全部长齐。（如图3-2-2所示）

我们的牙齿一共有多少颗呢？

找一找你有没有蛀牙？（如图3-2-3所示）

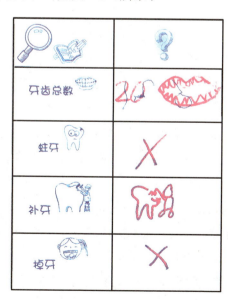

图3-2-3

在爸爸妈妈的帮助下，我们一起来了解自己的牙齿状况吧！

经过调查，我们发现大多数小朋友都有20颗牙，那么，为什么有些小朋友的牙齿会掉呢？大班的哥哥姐姐为什么会缺牙呢？让我们变身为小记者，去采访一下大班的哥哥姐姐，听一听他们的故事吧！（如图3-2-4所示）

图3-2-4

我的换牙小故事：

我第一次掉牙的时候流了好多好多血，我都吓哭了。可是没过多久新的牙齿就长出来了。

我的牙齿掉了之后，妈妈说下牙要抛到房顶上，上牙要藏到床底下，这样我们新长出来的牙齿才会整整齐齐的。

"牙仙子"在我掉牙之后还给我送了礼物，让我不那么害怕了，我还很期待下次掉牙呢！

我们每个人一生都会有两副牙齿，分别是乳牙和恒牙。乳牙在6岁左右逐渐脱落，换成恒牙。所以，换牙是每一个人必须经历的事情，小朋友们不要害怕，这也是我们成长的标志哦！

2. 探究二：牙齿的作用

我们的口腔里牙齿的位置、形状并不是完全一样的。那么，不同的牙齿都有自己名称吗？它们都有什么作用呢？

朵朵："我发现我们的牙齿有不同的形状，有方形的，有三角形的，还有椭圆形的。"

小怡："我们前面的牙齿是薄薄的，越里面的牙齿越厚。"

小辰："我知道，前面两颗薄薄的、长方形的牙齿是门牙。"

原来我们的乳牙可以分为三类：切牙、尖牙和磨牙。它们是上下对应，对称分布的。

不同的牙齿是怎么帮助我们咀嚼食物的呢？

小铭："饼干太大了，嘴巴装不下，切牙和尖牙能够帮助我们咬断饼干。"
（如图3-2-5所示）

图3-2-5

小琪："嘴巴里的大磨牙把饼干咬得碎碎的，这样我们才能把它吞到肚子里面去。"（如图3-2-6所示）

图3-2-6

小朋友们通过互相观察牙齿咀嚼食物的过程发现：切牙的功能是"切断"，尖牙的功能是"撕裂"，磨牙的功能是"咀嚼"。

牙齿除了帮助我们咀嚼之外，还能使我们的脸更丰满，笑起来更好看，而且在说话的时候还能帮助我们发音。

3. 探究三：龋齿的形成

我们的牙齿是因为有蛀虫，所以才有洞洞的吗？让我们一起通过实验，找一找龋齿形成的原因吧！

【实验介绍】

因为鸡蛋壳与我们的牙齿的成分一样都是碳酸钙，因此，这次试验我们用鸡蛋壳来代替牙齿。

【实验准备】

将熟鸡蛋分别放在装有醋和可乐的杯子里。（如图3-2-7所示）

图3-2-7

【实验过程】

（1）静置一小时，观察鸡蛋表面的变化。（如图3-2-8所示）

图3-2-8

熙熙："我发现可乐里的鸡蛋颜色要比没有泡过的鸡蛋更深一些。"

小豆子："我发现醋泡过的鸡蛋壳上有泡泡，看起来就像裂开了一样。"

（2）放置一天后，观察鸡蛋表面的变化。（如图3-2-9、图3-2-10所示）

（3）放置四天后，醋泡过的鸡蛋壳变得十分脆弱，轻轻一按就碎了。（如图3-2-11所示）

图3-2-9　　　　　　　图3-2-10　　　　　　　图3-2-11

通过实验，我们发现如果不勤刷牙，残留在我们嘴里的食物会和细菌混合，形成牙菌斑。它们堆积在我们的牙齿上会慢慢"吃掉"我们的牙齿，牙齿上就会出现"黑洞洞"，变成一颗蛀牙。

长了蛀牙怎么办呢?

"我们可以去医院找牙医叔叔呀。"

"可是每次妈妈带我去医院，我都害怕极了。"

小朋友们纷纷表达了对牙科医院的抗拒。

听说医院有小小牙医的体验活动，我们可以一起去医院当小牙医，学习如何保护牙齿，就不用害怕了。

4. 探究四: 小牙医体验

在去医院之前，孩子们一起把自己对牙医的疑问画了出来。（如图3-2-12所示）

图3-2-12

（1）牙医会用什么检查牙齿呢?

（2）牙齿的细菌是怎么被消灭的呢?

（3）有什么保护牙齿的方法吗?

牙医阿姨告诉我们预防龋齿有三大妙招，快来一起学学吧!

【妙招一】勤刷牙

①早晚刷牙，餐后漱口。

②每次刷牙时间不少于2~3分钟。

③刷牙时要"面面俱到"。

④牙刷和牙膏要选用儿童专用的产品。

⑤牙刷2~3个月更换一次。

【妙招二】牙齿涂氟

氟化物是一种能使牙齿重新矿化，从而变得坚硬不容易被酸腐蚀的物质。

【妙招三】窝沟封闭

六龄齿：第一恒磨牙萌出最早，矿化程度差，合面窝沟深，较易患龋，龋病进展快。当六龄齿萌出、龋齿尚未发生时，可到医院采取预防性措施，常用方法为窝沟封闭法。

听完了牙医阿姨的讲座，孩子们学到了不少关于牙齿的知识，顺利地拿到了小牙医的执业证书。（如图3-2-13所示）

图3-2-13

一起来数一数爸爸妈妈有多少颗牙，看一看他们的牙齿都健康吗。（如图3-2-14所示）

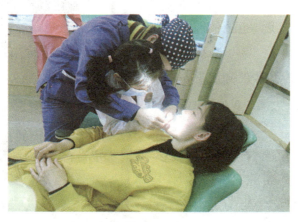

图3-2-14

爸爸妈妈的牙齿数量在28～32颗，医生说这是因为大人可能会长智齿。有的爸爸抽烟，所以牙齿的颜色偏黄，不好的生活习惯也会让爸爸妈妈的牙齿出现问题。

看着爸爸妈妈躺在牙椅上张大嘴巴让我们检查牙齿，看牙好像也没有那么可怕了。那么，现在让我们角色互换，请医生阿姨和爸爸妈妈一起帮我们检查牙齿吧。（如图3-2-15所示）

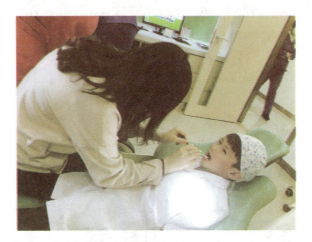

图3-2-15

尽管还是有些紧张，但我们还是克服了恐惧，勇敢地张大嘴巴接受医生阿姨的仔细检查。

小牙医的体验让孩子们学到了很多保护牙齿的知识，也让他们对治疗牙齿没那么害怕了。为了让孩子们拥有更健康的牙齿，我们开展了一场爱牙行动！

5. 探究五：爱牙行动

蛀牙是由于食物残渣残留引起的，每天早晚刷牙可以让我们的牙齿干干净净，让细菌无处藏身。（如图3-2-16所示）

图3-2-16

利用一张爱牙护牙记录卡，让我们一起爱牙护牙吧！（如图3-2-17所示）

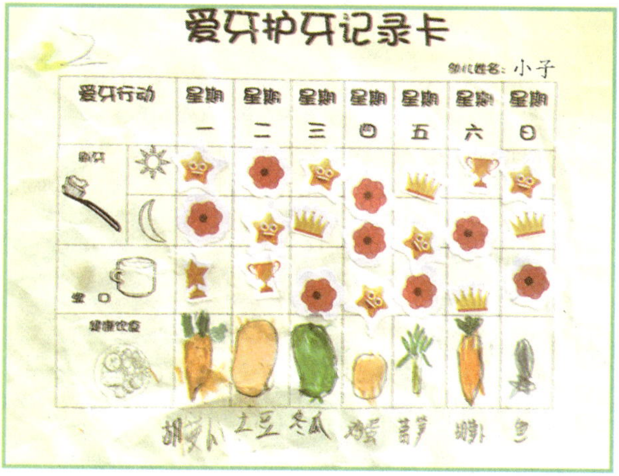

图3-2-17

（1）今天你刷牙了吗？

（2）你餐后漱口了吗？

（3）你吃了哪些有益于牙齿的食物呢？

【妙招】多吃蔬菜和含钙量高的食物可以让我们的牙齿更健康！

牙齿是我们身体重要的器官，也是我们进食的重要工具。幼儿时期包括乳牙更替、恒牙萌出和身体发育这三大关键期，口腔卫生状况的好坏将直接影响孩子一生的健康和生命质量。因此，爱牙护牙，从我做起，如"齿"闪亮，快乐成长！

六、活动完成感悟

（1）活动选材贴近幼儿生活经验。本次活动由幼儿产生的一次"牙疼"展开，抓住教育契机，结合幼儿的生活经验，层层递进，引发幼儿的思考。

（2）活动既让幼儿了解了健康知识，更增强了幼儿的良好卫生意识。本次活动，幼儿通过了解牙齿的生长过程、牙齿的作用，认识到牙齿作为进食器官对我们的重要性，再从龋齿的形成、小牙医体验和爱牙行动引导幼儿自觉养成爱护牙齿的良好习惯。

（本案例由大四班杜慧敏老师提供，文中姓名均为化名）

"洞"察世界　精彩非凡

一、活动兴趣来源

近期，有几名小朋友和老师说了关于"洞洞"的问题："老师，我流鼻血了。""老师，我想请假去看牙，因为我的牙齿被虫蛀了个洞。""老师，我刚刚掉牙了，这个牙齿的屁股（牙根）上怎么有个洞。""老师，我的嘴巴痛，好像有个洞（其实是口腔溃疡）。"……

可爱的孩子们，关于"洞洞"的事情，你们了解多少呢？除了你们这些"问题"洞，还有没有其他的洞呢？让我们展开一场"洞洞大搜索"吧！

二、活动前期思考

孩子们对于洞洞的兴趣让我们觉得，这是一个促进孩子们自主观察的好机会，在寻找洞洞的过程中，锻炼的不仅是他们的观察能力，还有跳跃的思维能力。绘本中身体上的各种洞洞虽然引起了孩子们的兴趣，但我们发现孩子们经常在老师的指挥下行动，他们的头脑没有得到真正的解放，作为老师最应该做的就是调动幼儿参与的主动性，让孩子们真正地参与到自主探究的学习中来。在活动当中，首先，我们可以做的就是培养孩子们对知识的好奇心和求知欲，在这一阶段让孩子们提出自己的疑惑和发现。他们灵活的小脑袋里总有很多惊喜，我们可以为他们提供更多更大的环境和空间，不应局限于小小的幼儿园，必要时可以和家长们互动并做好记录。其次，在探索过程中，帮助孩子们将提出问题、分析问题和解决问题中获得的经验转化成他们自己的知识，我们更多的时候只是一个旁观者，拿着手机拍下他们探索的身影。在幼儿园进行户外活动时，我们可以分成探寻洞洞的小分队，看看哪组小朋友发现的洞洞最多；在和家长的沟通中，我们也可以和爸爸妈妈来一场头脑风暴，想一想哪些东西上有洞洞。在我们生活的环境中，孩子们又能带给我们哪些惊奇的"脑洞"呢？这一次活动不仅仅停留在洞洞表面，它更应该告诉孩子们：有些洞洞是危险的，我们在生活中要保护好自己；有些洞洞是必要的，对我们的生活起着非常重要的作用。这也是我们想通过这次活动带给孩子们的教育意义。

三、活动研究目标

（1）探究身体上有哪些洞洞，学会保护自己身上的洞。

（2）能够发现生活中的洞洞以及洞洞的特点和作用。

（3）发现身边好吃的和好玩的洞，学会仔细观察，对周围的环境充满兴趣。

四、活动思维导图

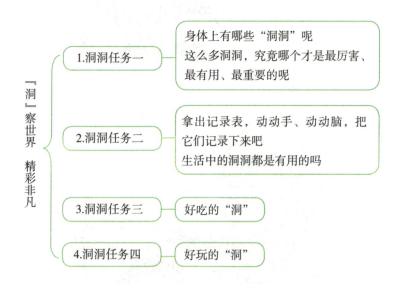

「洞」察世界　精彩非凡

- 1.洞洞任务一
  - 身体上有哪些"洞洞"呢
  - 这么多洞洞，究竟哪个才是最厉害、最有用、最重要的呢
- 2.洞洞任务二
  - 拿出记录表，动动手、动动脑，把它们记录下来吧
  - 生活中的洞洞都是有用的吗
- 3.洞洞任务三
  - 好吃的"洞"
- 4.洞洞任务四
  - 好玩的"洞"

五、活动探究

1. 探究一：洞洞任务一

身体上有哪些"洞洞"呢？

小麟："我知道，眼睛。"

小峰："还有我们的耳朵，两只耳朵。"

小辉："老师看我的嘴巴。"

小可："我感冒了，鼻子流鼻涕了，鼻子有洞！"

小兰："我的牙齿上有一个黑黑的洞呢！"

小宇："老师，我有一个洞，我悄悄跟你说……我的屁股上有个洞啊！"

小如："老师，我也要跟你说一个秘密的洞，我的肚子上有一个肚脐眼，好像也是洞吧？"

这么多洞洞，究竟哪个才是最厉害、最有用、最重要的呢？（如图3-3-1、图3-3-2所示）

图3-3-1

图3-3-2

小瑞："鼻孔是我们用来呼吸和闻气味的，当然重要。"

小瑾："那眼睛呢？眼睛不厉害吗？没有眼睛你还看不见呢！"

小嫣："你们不吃饭不吃东西吗？我觉得嘴巴最重要！"

小航："消化完了还要去'嗯嗯'出来吧，不然屁股怎么办？我投屁股一票。"

小龙："老师，能不能让它们都最重要哇？这太难了，选不出来。"

小翎："那肚脐眼是不是最没用的？它什么也不用干，对不对！"

小朋友们，我们用鼻子来呼吸、闻气味，用眼睛来看这个美丽的世界，用嘴巴进行交流和品尝美食，用耳朵分辨声音，更有趣的是，还获得了新的知识，肚脐眼是用来给胎儿传递营养的，虽然在平时的生活中不需要用到它，但它也是必不可少的呀！原来，身体上所有的洞洞都是很重要的！（如图3-3-3所示）

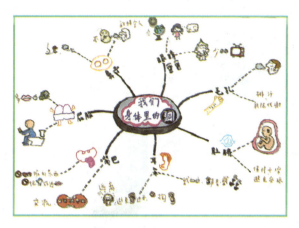

图3-3-3

在讨论中，通过了解这些洞洞的作用及它们的重要性之后，孩子们意识到堵住洞洞会伤害自己的身体，从而进一步增强了他们的安全意识。

本以为洞洞问题就此结束，但是当老师看到这张照片时就知道事情不简单，孩子们的眼睛又发现了新奇的洞。（如图3-3-4所示）

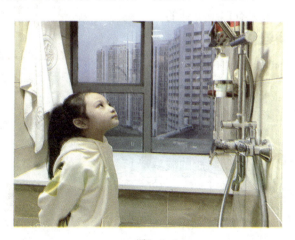

图3-3-4

于是，我们开启了新一轮的探究……

2. 探究二：洞洞任务二

沉迷找"洞"，越找越多，多到放不下啦！孩子们拿出记录表，动动手、动动脑，把它们记录下来了！（如图3-3-5、图3-3-6所示）

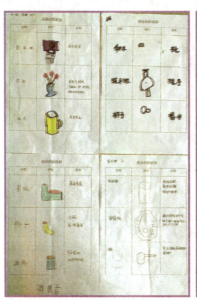

图3-3-5　　　　　　　　　　　图3-3-6

走近他们的记录表，你会发现，什么稀奇古怪的洞洞都有，任何角落，没有他们找不到的，只有你想不到的。

找了这么多的洞，那么问题来了，生活中的洞洞都是有用的吗？

小瑾："这个汽车后面的洞，爸爸告诉我是汽车用来排气的哦。"（如图3-3-7所示）

小馨："老师，这个塑料瓶的洞是有用的，可以用来装水！"（如图3-3-8所示）

图3-3-7

图3-3-8

我们已经把记录表中相同的洞洞都找出来了，请在图片中仔细寻找哦，睁大你们的小眼睛！（如图3-3-9、图3-3-10、图3-3-11所示）

图3-3-9

图3-3-10

图3-3-11

3. 探究三：洞洞任务三

你们以为这就结束了吗？并没有！

对于一个吃货来说，食物里的洞，孩子们也不会放过哦！

【好吃的"洞"】

① 蛋卷呀蛋卷。（如图3-3-12所示）

② 梨子呀梨子。（如图3-3-13所示）

图3-3-12   图3-3-13

③ 海苔卷呀海苔卷。（如图3-3-14所示）

图3-3-14

都到我的碗里来！

孩子们从不同的角度去观察、去发现、去探索，这种独特有趣的方式让他

们对生活中更多的食物充满兴趣。

4. 探究四：洞洞任务四

好吃的和好玩的，一个也逃不掉！

【好玩的"洞"】

吹呀吹呀吹泡泡！（如图3-3-15所示）

图3-3-15

跳棋是我最喜欢的棋类游戏！（如图3-3-16所示）

图3-3-16

网球拍了解一下。（如图3-3-17所示）

图3-3-17

好玩的洞可不止上面这些哦，听说用身体也能变成一个小山洞，动动脑筋，和孩子们一起变一变、玩一玩吧！

六、活动完成感悟

关于洞洞的活动告一段落了，在活动中老师也有不少体会，从孩子们提出问题到观看绘本中身体上的洞再到发现生活中有用的洞、好吃的洞、好玩的洞，沉浸其中的不止孩子，还有老师。老师将自己放在和孩子一样的高度，平行探索我们身边容易被忽视的小细节、小知识。孩子们呢，像着了魔似的，听家长们反映，在活动结束后的一段时间里，他们还在持续寻找洞洞。老师仿佛触碰到了搜索引擎，不断地有惊喜哗啦哗啦地向外涌。这样持续的观察习惯是有些难得的吧，谢谢孩子们对于本次活动的喜爱。

经过这次活动老师也在思考，怎样才能捕捉到孩子们这么有意思的想法呢？如何将他们脑中的"十万个为什么"以一种特别的方式引导从而成为他们的经验呢？孩子们最不缺的就是"脑洞"，如果你有了困扰不妨去问问孩子们，听听他们天马行空的想法吧。

　　活动的背后自然也离不开家长的参与和支持，陪伴孩子们寻找洞洞，和他们一起记录每一个新的发现，从和家长的双向沟通中老师也感受到了他们对活动的兴趣，也促进了家长与孩子之间的交流。孩子们在游戏中收获的不仅仅是寻找到的洞洞，还有家人陪伴的快乐时光。

　　透过洞洞看世界，一个小小的洞洞竟开启了孩子们如此多的思路，真可谓孩子的世界里有无数我们看不到、想不到的好东西！让我们一起期待后续关于洞洞的畅想吧……

　　　　　　　　　　（本案例由大一班胡育倩老师提供，文中姓名均为化名）

成长路上，花香满径

一、活动兴趣来源

9月，孕育着秋风送爽的清凉；9月，映衬着欢声笑语的脸庞；9月，象征着开学伊始的希望。在这个饱含期望的季节，新的学期重新起步。刚升入大班的孩子们，他们对于自己能成为幼儿园里的哥哥姐姐感到自豪和骄傲。同时，大班的孩子很关心自己的同伴如何看待自己，老师、家长如何评价自己。我们在活动中扩大孩子们的生活范围，打破班级界限，通过有趣的活动让孩子们相互协作、相互学习；通过大手牵小手的活动，启发幼儿的自豪感和责任感。

二、活动前期思考

"成长"这个词语对于孩子们来说比较抽象，成长就是每一次的变化，每一次的进步。如何让孩子们真实地感受到自己的成长呢？我们以"过去—现在—将来"为主线开展活动，通过小时候和长大以后的对比及身高的对比，直观地让孩子们发现成长的变化，同时引导他们从认识自己的变化到认识他人的变化，体验成长带来的快乐。

三、活动研究目标

（1）通过开展主题活动，感知自己及同伴成长的变化。

（2）乐于帮助弟弟妹妹，学习关心、爱护、帮助周围的人，萌发成长带来的自豪感。

（3）在说一说、画一画的过程中，能以积极的态度面对一切，憧憬未来。

世界，你好啊！

四、活动思维导图

成长路上，花香满径

- 1.灿烂开学季，最美成长礼（举行开学典礼活动，经过"成长之门"）
- 2.我就这样长大（通过衣服的对比、身高的对比，发现成长的足迹）
- 3.大手牵小手，结伴共成长
  - ①我会照顾弟弟妹妹
  - ②欢乐时光
  - ③户外活动欢乐多
- 4.长大后我想当……（畅聊梦想，憧憬未来）

五、活动探究

1. 探究一：灿烂开学季，最美成长礼

今天是开学典礼，升入大班之后我们承担起了升旗的任务。瞧，我们踏着整齐的步伐护旗入场，看着徐徐上升的国旗，我们可自豪啦！

小伙伴们手拉手，走过了象征新起点的"成长之门"，园长妈妈还给我们颁发了升班勋章。我们很高兴、很幸福，因为我们是大班的哥哥姐姐啦！（如图3-4-1所示）

图3-4-1

2. 探究二：我就这样长大

当我还在妈妈肚子里的时候，我喜欢听爸爸妈妈给我唱歌、讲故事；会在妈妈肚子里做运动，有时伸伸懒腰，有时踢踢小腿……那时我就迫不及待地想长大。

瞧，这些都是我们成长的痕迹哟！（如图3-4-2所示）

图3-4-2

衣服小，袜子小，帽子也变小；

手掌大，脚掌大，鞋子穿不下；

哈哈，原来是我长大啦！

真开心，我长高了哟！（如图3-4-3所示）

图3-4-3

小时候的我，你们认识吗？（如图3-4-4、图3-4-5所示）

图3-4-4

图3-4-5

3. 探究三：大手牵小手，结伴共成长

（1）我会照顾弟弟妹妹。我们是幼儿园里最大的哥哥姐姐，为了让刚刚入园的小班弟弟妹妹感受到大家庭的温暖，我们准备了好吃的零食、有趣的节目和好玩的游戏……

看，我们出发啦！（如图3-4-6所示）

图3-4-6

　　来到小一班教室，我们把心爱的小零食送给了可爱的弟弟妹妹。（如图3-4-7所示）

图3-4-7

　　看着满脸泪水的弟弟妹妹，我们可心疼了，赶紧上去给他们暖暖的拥抱，希望他们也能快快长大！（如图3-4-8所示）

图3-4-8

　　午餐的时间到啦！今天和平时不一样哦，我们每个人都有一个小小的任务，就是带着弟弟妹妹一起吃饭。（如图3-4-9所示）

图3-4-9

　　瞧，我们是不是很有大哥哥大姐姐的范儿呢？

　　午饭后，我们拉着弟弟妹妹的手散步，给他们介绍我们美丽的校园，让他们能尽快地适应幼儿园生活！（如图3-4-10所示）

图3-4-10

哈哈，我们帮助弟弟妹妹脱鞋子，还把鞋子摆放得整整齐齐，给弟弟妹妹做榜样！（如图3-4-11所示）

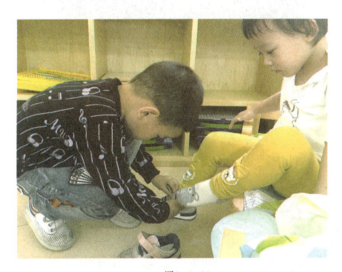

图3-4-11

午睡时间，我们给弟弟妹妹讲故事，让他们能快快进入甜蜜的梦乡。（如图3-4-12、图3-4-13所示）

图3-4-12

图3-4-13

（2）欢乐时光。为了逗小班弟弟妹妹开心，我们使出了浑身解数：好听的故事、动听的歌曲、好玩的手指谣、刚劲有力的武术……弟弟妹妹们看得津津有味！（如图3-4-14所示）

图3-4-14

（3）户外活动欢乐多。老师告诉我们多做运动长得高哟！瞧，我们带着小班弟弟妹妹一起玩游戏，哈哈哈……操场上充满了我们的欢声笑语。（如图3-4-15所示）

图3-4-15

4. 探究四：长大后我想当……

我们把自己的梦想画出来了，大家猜一猜，我的梦想是什么呢？（如图3-4-16所示）

图3-4-16

小浩："我长大后，想当医生。"

小果："长大后，我想当歌手。"

小晨："长大后，我想当警察保护你。"

小冉："长大后，我想当舞蹈家。"

我的梦想，闪耀着彩色的光……

老师："亲爱的宝贝们，希望你们学会独立、学会勇敢，老师会一直在你们身边支持你们、鼓励你们，祝福你们快快成长，实现梦想！"新学期我们升入大班了！让我们一同感受大班生活的美好，成长路上，花香满径！（如图3-4-17所示）

图3-4-17

六、活动完成感悟

（1）活动内容贴近幼儿的生活。成长真的是无处不在，借开学典礼这一契机，让孩子们通过一系列的活动感悟成长。

（2）活动内容还可以涉及在成长的路上都有谁在陪伴，萌发孩子对亲人、对同伴、对老师的感恩之情。

（本案例由大一班饶颖老师提供，文中姓名均为化名）